# 會計師低價存股術
# 用一張表存到
# 1300萬

丁彥鈞——著

## 目 錄

## 第4章 判讀財務指標 挖掘潛力股

## 第5章 制定投資策略 買賣有方針

## 第6章 投資價值好股 穩穩賺報酬

## 第7章 買進潛力飆股 搭成長列車

# 第8章 必學金融常識 判斷不失準

# 第9章 效法投資高手 資產翻倍滾

# 在低薪時代
# 快速累積財富的選股邏輯

　　如果沒有亮麗的家世背景，認真讀書是最容易的翻身方式，靠著這個信仰，筆者一路過關斬將。大學時就讀國立台灣大學會計系，雙主修財務金融學系，在投資學、總體經濟學、財務報表分析等科目都取得不錯的成績。後來考取台灣大學財務金融學系暨研究所，僅花 1 年半的時間就畢業。進入職場後，陸續待過會計師事務所、銀行、信用評等機構、電子公司，具備會計師、證券分析師、期貨分析師證照。

　　筆者的投資啟蒙期是在 2006 年，大二修完投資學以後，爸媽資助一筆經費當作筆者進場磨練的「學費」。但當時基礎不扎實，加上不是使用自己賺來的錢，心態上比較隨便，新聞報什麼就買什麼，因此儘管當年度是多頭市場，但最後卻是小賠 3 萬元收場。2007 年，股市繼續強勁上漲，有小賺一點回來，2 年下來等於打平。

　　2008 年，為了準備會計師考試沒有做任何投資，幸運地躲過了金融海嘯。

2009 年就讀研究所時，仍然是「憑感覺」投資。有段時間筆者的指導教授跟中環（2323）董事長翁明顯走很近，又看到翁明顯成立財團法人財經立法促進院，為了表示支持，筆者就跑去買中環股票，但最後也沒賺錢。反倒是當時利用亂數法選出的統一（1216）、泰谷（3339）、聯華食（1231），持有 2～3 個月，竟然有微薄獲利。

2009 年 5 月，筆者將歷年來存下的壓歲錢、獎學金及打工薪水，以每股 56 元的價格買進一張龍頭指標股台積電（2330），嘗試長期持有。這筆投資直到 2018 年 1 月，傳出張忠謀在美國夏威夷跌倒受傷事件，因為怕張忠謀因此退休，才把台積電股票賣掉。持股台積電 7 年總獲利約 161%，是筆者早期學習投資過程中，最成功的一筆投資。

畢業後進入會計師事務所工作，忙碌的生活讓投資完全停擺。直到某天，筆者看到〈窮人靠賣力，富人靠借力〉這篇文章以後才開始思考，為什麼現在工時那麼長，收入卻比不上當醫師或律師的高中同學呢？於是就決定在正職之外，另外兼任 7 份家教，每週多工作 15～20 小時，每年的收入也因此增加數十萬元。

手邊現金多了以後，就開始思索，為什麼自己是會計、財金出身，又有會計師執照，投資卻會賠錢呢？這表示過去使用的方法錯誤，決定重新調整策略，認真研讀財務報表做基本分析，這才發現，只要公司的基本面好，最後還是會反映到

股價上。在看過股神巴菲特（Warren Buffett）的投資心法，以及市面上多數倡導存股的書籍以後，更加肯定這樣的投資觀念。

這項發現讓筆者感到很開心，因為與一般人相比，筆者在研究公司基本面這方面特別有優勢。會計師事務所的查帳工作，讓筆者對財報的編製更加熟悉，知道要如何收集有用的財務資訊；銀行聯貸與信用評等的工作，教導筆者如何評估企業的信用風險。經過這些磨練，筆者將理論與實務結合，發展出一套簡單的選股模型。

2013 年第 3 季，筆者開始利用自創的篩股模型投資價值股，也就是股價低的好公司（詳見 6-1）。把營收、毛利率和營業利益具成長性，營業利益、本期淨利連續 5 年為正，且每年均有發放現金股利，以及本益比低的公司，當作「價值股」投資，並將資金配置至少 5～7 檔持股分散風險。

筆者發現，以這種方式選出來的股票，只要長期持有，就能夠穩定達成 15% 年報酬率，是超級簡單的投資方式。不用盯盤，也不需花太多心思去管理，只要在選對股票以後，看看新聞、定期檢視財報來做後續追蹤即可。

像是用此方法選股，持有的第 1 檔價值股中華電（2412），獲利就很好。2013 年 10 月，電信產業首次競標 4G（第四代行動通訊技術）頻譜，招標的

押標金創天價，市場預期日後基地台建置的成本恐侵蝕獲利，導致電信股股價下跌。此外，因為電信業為特許行業，有進入障礙，容易有超額報酬，再加上中華電符合價值股的選股邏輯，筆者就以每股平均 90 元左右的價格買進 5 張。直到 2016 年，因市場資金湧入高殖利率股，中華電股價從 100 元漲到 120 元才獲利了結。計算領到的股利跟資本利得，平均年報酬率約有 15%。

之後筆者又陸續使用同樣的選股邏輯，選出信錦（1582）、帛漢（3299）、中租-KY（5871）、豐藝（6189）、華票（2820）、揚博（2493）、台燿（6274）、卜蜂（1215）、普萊德（6263）、鴻海（2317）、台新金（2887）、穩懋（3105）、台郡（6269）等公司，平均年報酬率約有 15%。

到 2017 年，同一時期筆者持有的股票約 20 檔左右，都是用這樣的選股方法篩選。為了提高報酬率，也把 3 成部位配置在波段操作的成長股上，選股邏輯仍然大同小異，但平均年獲利率提高至 35%。筆者也因為投資績效好，受到《Smart 智富》月刊的約訪，成為當年 10 月的封面人物。之後也在臉書成立「丁彥鈞證券分析師」社團、舉辦投資講座等，和大家分享筆者的投資心得。

2018 年 7 月，筆者看空全球的景氣，降低持股水位至總市值 700 萬元，且持續減碼成長股的部位，將資金配置在定期配發高額現金股利的價值股與特別股，剩餘 500 萬元放定存。雖然 2018 年 10 月發生股災，但筆者損失較少，截至

2018 年年底，筆者的總資產已有 1,300 萬元。

由於筆者在投資路上受過許多人的幫助，所以希望自己也能夠幫助別人，於是開始在網路分享自己的投資標的。有時候網友會問一些問題，遇到自己不懂的地方，就請教其他網路高手，非常幸運地，其他高手都很願意和筆者分享，筆者也因此愈學愈多，投資績效愈來愈好，年化報酬率超越大盤 15 個百分點以上。

當初單純是希望幫助散戶賺錢，才在網路上推薦標的，沒想到績效意外地好，像是穩懋、台郡、博智（8155）等 39 檔個股，自首次推薦日 2016 年 8 月 31 日到 2018 年 12 月 28 日，筆者在網路上所推薦的個股，平均年化投資報酬率為 22.7%。與同時間加計現金股利的大盤年報酬率 7.1% 相比，筆者的報酬率超越大盤 15.6 個百分點。

這次受《Smart 智富》邀請，筆者義不容辭答應出書，希望可以將自己的專業知識，用深入淺出的方式，讓非金融專業的讀者了解。更盼望讀者看完這本書以後，能夠透過筆者自創的選股邏輯，達到年化報酬率 22.7% 的境界，在低薪年代，快速累積財富。

這本書共分 9 章，第 1 章先介紹各項投資工具的性質與優缺點，經過比較後會發現，在眾多投資工具中，股票是較佳的投資工具；第 2 章接著探討股市的報酬

與風險，我們由歷史數據可以看出，長期持有股票 30 年以上，是門穩賺不賠的生意；第 3 章介紹財務報表，讓讀者對財務報表有基本的認識後，再於第 4 章的財務指標分析中，介紹財務報表各項目的關係，以及各財務指標所代表的意涵，教導讀者如何利用這些財務指標挑選標的。

　　第 5 章開始介紹筆者的投資策略，並提供一些對於買賣決策的建議；第 6 章會完整介紹筆者自創的「價值股篩選模型評估表」，並配上案例分析；第 7 章則提供成長股的選股邏輯及案例分享。為了維持文章的連貫性，筆者將較學術的金融專業知識放在第 8 章，供讀者學習。由於成長型投資之父菲利普·費雪（Philip Fisher）認為，多和專業的高手閒聊，可以找出有潛力的成長股票，因此第 9 章特別介紹筆者投資道路上的夥伴。

　　雖然台灣邁入低薪年代，但年輕人千萬不要因為低薪社會就失望、放棄，如果正職的薪水太低，就靠兼差來增加收入，只要了解自己的個性及專長，充分發揮自己的能力，還是可以加速累積財富、改善生活品質。這也是筆者撰寫此書的目的，希望大家在研讀此書之後，都能夠和筆者一樣，穩健地利用投資累積財富！

丁彥鈞

第1章

# 認識金融商品
# 脫離新手村

# 1-1 定存、黃金與債券》
## 保守型投資商品風險低

目前市場上的投資工具種類繁多,各有其優缺點。原則上,風險低的投資工具,預期報酬率低;風險高的投資工具,預期報酬率高。但也會有例外,例如長期投資股票,可以在低風險下獲取高報酬(詳見第 2 章)。

由於各項投資工具的短期價格風險、長期價格風險、流動性風險、通貨膨脹風險、預期報酬率不盡相同,投資人可以評估自己的需求,事先做好理財規畫,將資金配置在不同的投資工具上。

1-1 先來介紹風險較低的投資工具,像是定存、黃金和債券,而其他投資工具如基金、保險、股票等的性質與優缺點,將在後面幾節一一介紹。

### 定存》違約風險極低,但須承擔通膨風險

定存為存款期間有限制的存款,依存款期別不同可分為「定期存款」與「定期

儲蓄存款」。期別在 1 個月到 12 個月的是定期存款；期別在 1 年到 3 年的是定期儲蓄存款，兩者的存款利率（不論是固定利率或機動利率）皆高於活期存款。

定存的流動性雖比不上活存，但在眾多投資工具中還算不錯。若急需用錢，想將定存中途解約，利息可能會被打 8 折；若不想解約，也可用定存作為擔保品向銀行質借，但質借金額不能超過存單面額 9 成，且需在 7 天前通知存款銀行。

目前中央存款保險公司對每一家銀行每一存款人的保障金額最高為新台幣 300 萬元。因此，投資人只要將資金分散在各銀行，且在每家銀行的存款金額不要超過 300 萬元，則到期拿回本金與利息的機率接近百分之百，違約風險極低。

要注意的是，雖然定存的違約風險極低，但卻有其他風險。2018 年台灣的 1 年期定存利率約 1%，如果未來的通貨膨脹率超過 1%，代表投資人的實質購買力是下降的。也就是說，定存雖然違約風險極低，但卻要承擔通貨膨脹的風險。

## 黃金》雖不會產生孳息，卻是極佳避險工具

黃金是一種廣受歡迎的貴金屬，古今中外皆然。由於黃金的稀有性、易熔煉、抗腐蝕等特性，且不易和其他物質發生化學反應等特點，加上黃金的色澤獨特、外觀優美等性質，常常被拿來當作保值的工具。

在國際情勢動盪時，黃金的價格常常飆漲；當經濟體系衰退時，黃金的價格也會上升。例如 2007 年 7 月 30 日，美國道瓊工業指數為 1 萬 3,212 點，隨後爆發金融海嘯、歐債危機等事件，到了 2011 年 9 月 6 日，道瓊工業指數來到 1 萬 1,139 點，跌幅達 15.7%；同期間，倫敦金價從每盎司 665 美元（2007 年 7 月 30 日收盤價）飆升至每盎司 1,920.8 美元（2011 年 9 月 6 日盤中高點），漲幅高達 189%。由此可見，黃金是一個好的避險工具。

雖然黃金是極佳的避險工具，但卻不是好的投資工具，原因在於，黃金不會有孳息。投資人將錢存在銀行，每年可以領到利息；把錢拿去買股票，每年可以領到股利；把資金拿去種蘋果，蘋果樹每年可以長出蘋果，也就是有孳息。然而如果我們買了 10 公克的黃金，放了 100 年，黃金還是 10 公克，不會長出小黃金，也就是黃金不會有孳息。長期下來，黃金的報酬率幾乎等於通貨膨脹率。也就是說，黃金可以保值，維持購買力，但無法帶來額外的孳息。

綜上所述，黃金是一個好的避險工具，可以達到保值的功能，但卻不是一個好的投資工具，原因在於黃金不會產生孳息。

## 債券》交易金額過大，不適合一般投資人

債券是指發行者為籌集資金而發行，在約定時間支付一定比率的利息，並在到

期時償還本金的一種有價證券。根據發行方不同，可以分為政府債券、金融債券及公司債券。

　　雖然債券是常常聽到的投資工具，但在台灣，由於債券的交易金額過大（最小交易單位電腦議價系統為新台幣 5,000 萬元，比對系統為 10 萬元），一般民眾沒有這麼龐大的資金，流通性不佳。

　　再加上台灣債券的利率不高，以 2018 年的台灣 10 年期政府公債為例，2018年 11 月 19 日的利率為 0.91%，不到 1%，比銀行定存的利率還低（2018 年11 月 19 日臺灣銀行 1 年期定期儲蓄存款的固定利率為 1.07%，機動利率為1.09%），對一般投資大眾根本沒有吸引力。故有關債券的其他交易策略，本書就不詳加介紹。

# 基金》委由專家操盤 布局一籃子標的

1-2

基金是由證券投資信託公司集合大眾的資金，購買一籃子有價證券，再藉由發行受益憑證的方式，讓投資大眾持有一籃子有價證券的一小部分。也就是說，基金就是投資人將資金委託專業的投信機構，由投信機構代為購買多檔投資標的，以達到分散風險目的的一種投資工具。

既然是請專業人士代為操盤，當然要給予合理的報酬。投資基金可能負擔的費用包含基金經理費、基金保管費、申購手續費、信託管理費、轉換手續費和贖回手續費等（詳見表1）。

## 加總基金各項費用，每年約為資金的 3%

上述林林總總的費用，依據各家投信機構不同而略有差異，但是每年算下來約3%。換句話說，平均下來，投資基金的報酬率，低於投資股票的報酬率約 3 個百分點。

## 表1 除了交易手續費外，投資基金還須負擔多項管理費用
——基金各項費用

| 費用名稱 | 說明 |
|---|---|
| 基金經理費 | 支付給基金公司和專業基金經理人的酬勞 |
| 基金保管費 | 為了避免基金公司或專業基金經理人捲款潛逃，投信公司會將投資人交付的資金委託銀行等保管機構保管。由於「保管機構」還要負責帳務處理、買賣交割、孳息領取等行政事務，因此必須支付「保管機構」基金保管費 |
| 申購手續費 | 購買基金時，投資人必須支付一筆費用給投信機構，稱為「申購手續費」或「信託手續費」 |
| 信託管理費 | 銀行基於受託人的地位管理委託人的投資和帳務，將會收取信託管理費 |
| 轉換手續費 | 投資人於不同基金間進行轉換時，必須支付轉換手續費 |
| 贖回手續費 | 基金贖回時，從基金淨值中扣除的隱藏成本 |

資料來源：《理財規劃人員資格測驗經典講義與試題》

　　有些理財書籍說，如果不想花時間去研究各種投資工具，懶人投資法就是購買基金，讓專業人士代為操盤。但是市場上的基金可依風險高低、投資標的、發行方式、發行地點和投資範圍不同而有所區分，種類甚多，要買什麼是一個難題，何時購買又是另一個難題，並非完全不需要做功課。

　　既然都要花時間去研究，筆者還是比較推薦投資股票（詳見1-4）。雖然股票也需要繳交手續費，例如股票買進手續費為千分之1.425，賣出手續費含交易稅為千分之4.425，但是與基金每年平均3%的手續費相比，投資股票的手續費相對較低。

　　若真的不知道如何選股，筆者推薦指數股票型基金 ETF（詳見 2-2）。例如元大台灣 50（0050）的管理費為 0.42%、元大高股息（0056）的管理費為 0.76%，雖然比大多數追蹤美國標普 500 指數（S&P 500）的被動型基金的管理費 0.04% 高了 10 倍以上，但還是比主動型基金收的 3% 低了很多。

　　因此，筆者建議，若投資人想要購買基金，可以買海外基金，或是買元大台灣 50，但不建議買台灣的主動型基金，因為高額的管理費將吃掉原本的投資報酬。

# **保險》** 投資型、儲蓄型保單 須留意行政費用與條款

1-3

依《保險法》第 13 條規定，保險分為財產保險及人身保險。財產保險包括火災保險、海上保險、陸空保險、責任保險及保證保險；人身保險包括人壽保險、健康保險、傷害保險及年金保險。

保險在法律學和經濟學的意義上，是一種風險管理方式，將自己的潛在損失轉嫁給參與保險的整個團體，也就是「一人有難，大家平攤」的互助概念。然而，金融商品日新月異，將商品與投資結合，就創造出投資型保單這項商品。此外，為了規避遺產稅與贈與稅，市場上發展出儲蓄型保單，性質上類似定存，但是於3,330 萬元（隨物價調整）以內免稅。本文僅分析具有投資性質的投資型保單與儲蓄型保單，其餘請詳閱保險相關書籍。

## 投資型保單》留意「資產撥回率」不等於報酬率

投資型保單指要保人繳交的保險費中，一部分放在投資帳戶，具有「投資」的

性質，用以賺取投資收益；另一部分放在保險帳戶，具有「保障」的性質，作為保險事故發生時的保險金賠償準備。接下來就介紹近幾年流行的類全委投資型保單（簡稱「類全委保單」）。

類全委保單是投資型保單的一種，金管會的定義是「委託投信公司代為運用與管理專設帳簿資產之投資型保單」，是以壽險公司為委託人，再委託投信全權操作相關投資的保單。

類全委保單會被收取高額的行政費用，以及「資產撥回」特別設計，投資前要多留意，分析如下：

## 1.行政費用

類全委保單通常是由保險公司發行，委託投信公司操盤，再藉由銀行通路販售。因為保險公司、投信公司、銀行皆有提供服務，都可以收取合理的費用，因此，要保人繳的保險費中，會有一部分放在投資帳戶，一部分放在保險帳戶，一部分成了金融機構的佣金。

此外，由於類全委保單的投資帳戶是委託投信代操，類似基金，故除了前述服務費用，還須支付包括「經理費」、「保管費」、「申購手續費」、「贖回、轉換手續費」、「解約費」等相關費用。

## 2.資產撥回

　　由於國人喜歡每年領取孳息，因此類全委保單通常附有「資產撥回」功能。「撥回率」是指保險公司每年撥補一定金額的現金至受益人帳戶，目前各家保險公司每年提供大約 5% 到 10% 的「撥回率」，也就是所謂「配息率」。

　　從情感面來說，由於一般人不喜歡風險，希望能盡早取得現金，而撥回率的設計讓保戶每年都可以拿到現金，很有安全感，深受國人喜愛。但「撥回率」不等於「報酬率」。要知道投資一定會有風險，若類全委保單提供保戶固定的「撥回率」，當受託機構的操盤績效不如預期時，就必須動用「本金」來支付該筆利息欠缺的部分。一旦本金受到侵蝕，自然會影響投資績效。

　　就投資的角度而言，應該讓每年產生的孳息繼續滾入本金，利用複利的效果，創造更多的報酬，每年將資產撥回只會降低投資報酬率。而每期提供資產撥回的結果，會讓受益人在不需要資金的時候，拿到了一筆資金。若受益人目前沒有資金需求，可能又將拿到的資金再次購買保險，除了使自己多了一筆不需要的保險保障以外，也讓金融機構又多了一筆佣金收入。

## 儲蓄型保單》留意「預定利率」不等於實際報酬率

　　儲蓄型保單在學術上稱為「生死合險」（年金型保險除外），當被保險人身故時，

可領回全額保險費；當被保險人持續生存時，每年可以領取孳息，具有儲蓄的性質，民間稱為儲蓄型保險。

然而，儲蓄型保單的「預定利率」並不等於「實際報酬率」，接下來就以投資人熱愛的 4 年期儲蓄型美元保單為例，說明購買儲蓄型保險時，投資人的真實報酬率為何？

假設保險公司推出一張美元計價的 4 年期儲蓄型保單，公布的預定利率為 2.5%，每年年初繳費 6 萬 630 美元，共繳 4 年，每年年度末依序可以領回配息 630 美元、1,230 美元、1,830 美元、2,430 美元，第 5 年以後則固定領取配息 6,000 美元（詳見表 1）。且條約規定，如果保戶於新一年度開始選擇讓合約繼續生效，則無法領取解約金；若保戶選擇於該年年度末終止合約，則可以領取當年年度末的解約金。如果僅持有此儲蓄型美元保單 1 年或 2 年，其投資報酬率如下：

**1. 持有保單 1 年**：若投資人持有保單 1 年，繳費 6 萬 630 美元，以預定利率 2.5% 計算，應該可以領回本利和 6 萬 2,146 美元（6 萬 630×（1 + 2.5%）），但實際上如果保單解約，投資人僅能領回第 1 年年度末配息和解約金 3 萬 7,110 美元（630 + 3 萬 6,480），因此實際報酬率為 -38.79%（（3 萬 7,110–6 萬 630）÷6 萬 630）。

表1 **儲蓄型保單繳費期滿後，可開始領取固定金額配息**
──4年期美元儲蓄型保單保費、配息與解約金

| 保單年度 | 年初繳交保費（美元） | 年度末領回配息（美元） | 年度末解約金（美元） |
|---|---|---|---|
| 1 | 60,630 | 630 | 36,480 |
| 2 | 60,630 | 1,230 | 83,640 |
| 3 | 60,630 | 1,830 | 131,550 |
| 4 | 60,630 | 2,430 | 237,810 |
| 5 | 0 | 6,000 | 237,660 |
| 6 | 0 | 6,000 | 237,660 |
| 7 | 0 | 6,000 | 240,060 |
| 8 | 0 | 6,000 | 240,060 |
| 9 | 0 | 6,000 | 240,060 |
| 10 | 0 | 6,000 | 240,060 |

註：預定利率為 2.5%

**2. 持有保單 2 年**：若投資人持有保單 2 年，共計繳費 12 萬 1,260 美元（6 萬 630 ＋ 6 萬 630），可領回 8 萬 5,500 美元（630 ＋ 1,230 ＋ 8 萬 3,640），考量貨幣的時間價值，每年實際的投資報酬率（即內部報酬率（IRR），詳見 8-3）為 -21.2%。

依此類推可以算出，這張保單必須持有 4 年，報酬率才會轉為正值（0.2%）。隨著持有年度增加，每年實際的投資報酬率也會跟著增加，持有 10 年會達到年

表2　**買儲蓄型保單在繳費期滿前解約，則報酬率為負值**
——4年期美元儲蓄型保單各持有年度的實際年報酬率

| 持有保單時間（年） | 總繳金額（美元） | 年度末領回金額（美元） | | | 總投資報酬率（％） | 實際年報酬率（％） |
|---|---|---|---|---|---|---|
| | | 累計領回配息 | 年度末解約金額 | 合計 | | |
| 1 | 60,630 | 630 | 36,480 | 37,110 | -38.79 | -38.8 |
| 2 | 121,260 | 1,860 | 83,640 | 85,500 | -29.49 | -21.2 |
| 3 | 181,890 | 3,690 | 131,550 | 135,240 | -25.65 | -14.2 |
| 4 | 242,520 | 6,120 | 237,810 | 243,930 | 0.58 | 0.2 |
| 5 | 242,520 | 12,120 | 237,660 | 249,780 | 2.99 | 0.9 |
| 6 | 242,520 | 18,120 | 237,660 | 255,780 | 5.47 | 1.2 |
| 7 | 242,520 | 24,120 | 240,060 | 264,180 | 8.93 | 1.6 |
| 8 | 242,520 | 30,120 | 240,060 | 270,180 | 11.41 | 1.7 |
| 9 | 242,520 | 36,120 | 240,060 | 276,180 | 13.88 | 1.8 |
| 10 | 242,520 | 42,120 | 240,060 | 282,180 | 16.35 | 1.9 |

報酬率 1.9%，之後再慢慢往預定的 2.5% 報酬率逼近（詳見表 2）。

　　由於前述假設的保單是以美元計價的保單，報酬率會比新台幣計價的保單再高 1% 左右，但保戶必須承擔匯率風險。且從前文可以看出，持有這張保單的前 3 年，報酬率都是負的，意謂如果保戶提早解約，實際報酬率會低於預期的報酬率，存在流動性風險。此外，這張保單必須持有 10 年，年化報酬率才會是 1.9%，但這 10 年，難保都不會升息。如果升息超過 1%，則購買儲蓄型保單的報酬率，可能

會低於銀行定存利率，有通貨膨脹的風險。

也就是說，購買以外幣計價的儲蓄型保單，投資人需要承擔匯率風險、流動性風險和通貨膨脹風險，整體來說，並非好的投資標的。

再換個角度來看，一個很棒的商品，大家應該會搶著購買，若是這項商品必須靠業務員用人情推銷，應該不會太吸引人。此外，為了達成設定的目標，從業人員通常會銷售佣金高但未必適合保戶的保險商品。再加上儲蓄型保單，說穿了是由壽險公司將保戶繳交的保險費，拿去購買金融特別股，賺取利差，等於是多一道手續。因此，筆者建議，與其購買儲蓄型保單，不如直接購買金融特別股（詳見 1-4）。

# 1-4 **股票》**當公司股東 可參與盈餘分配

依據台灣證券交易所的定義，股票是公司以籌措資金為目的，發給投資人固定金額或面值的憑證，作為參與公司投資的證明。

股票是一種應運而生的投資工具。一家公司需要有足夠的資金來建造工廠、生產產品、賺取利潤，可是企業家通常無法憑一己之力拿出鉅額的資金，必須向社會大眾募集資金。

然而，站在資金提供者的角度，把錢借給企業家，如果未來公司賠錢倒閉，這些錢可能收不回來；如果未來公司賺大錢，也只能領取當初約定的借款利息，可說是要承擔公司的經營風險，卻只能領取低報酬，非常不划算。因此，資金提供者當然希望可以參與企業經營的成果，股票制度也隨之產生。

當資金提供者出資購買公司的股票以後，自己就成為該公司的股東，一旦公司獲利良好、開始分配盈餘時，就可以一同參與。

股票大體可分為普通股與特別股兩種類型，茲分述如下：

## 普通股》由公司發行，無特別權利的股份

普通股指由公司所發行，無特別權利的股份。筆者認為，短期投資股票來賺取買賣價差，可能是投機的行為。但長期投資股票，認同該企業的經營理念，每年領取股利，分享企業經營的成果，就是在投資。

由於長期投資股票，具有低風險、高報酬的特性，加上可以對抗通貨膨脹，為極佳的理財工具。有關投資普通股的風險與報酬，將於第 2 章詳細介紹。

## 特別股》分配股利順序優先於普通股

特別股（Preferred Stock），也可以翻譯成優先股，其分配股利的順序優先於普通股。亦即，特別股是介於債券與普通股之間的一種金融商品。當企業有賺錢時，首先必須支付員工薪水；還有剩餘時，則必須支付銀行借貸的利息，再繳交所得稅給政府；若還有盈餘時，必須先給特別股的股東現金，最後才是發股利給普通股的股東。

依據我國《公司法》第 157 條及第 158 條規定，企業得發行的特別股可分為

以下 6 種：

**1. 有表決權特別股或無表決權特別股**：特別股的股東若於股東會上有表決權，稱為有表決權特別股；若無表決權，稱為無表決權特別股。

**2. 累積特別股或非累積特別股**：當年度配發的特別股股利不足約定金額時，企業應於以後年度補發者，稱為累積特別股；反之，稱為非累積特別股。

**3. 可參加特別股或不可參加特別股**：特別股可以依照票面利率領取固定的孳息。若企業當年度大賺錢，特別股是否能分享企業經營的成果？如果特別股股東可以因此領取票面利率以外的報酬，稱為可參加特別股；若特別股股東只能領取票面利率上的固定股利，稱為不可參加特別股。

**4. 可轉換特別股或不可轉換特別股**：經過一段時間後，特別股可以依照約定條件轉換成普通股者，稱為可轉換特別股；反之，稱為不可轉換特別股。

**5. 可贖回特別股或不可贖回特別股**：經過一段時間後，企業有權利依約定價格買回者，稱為可贖回特別股；反之，稱為不可贖回特別股。

**6. 可賣回特別股或不可賣回特別股**：經過一段時間後，股東有權利依約定價格

## 表1 若特別股具贖回權，對於普通股股東反而有利
──特別股6項行使權利對股東的影響

| 特別股權利 | 對特別股股東有利與否 | 對普通股股東有利與否 |
|---|---|---|
| 表決權 | 有利 | 不利 |
| 股利累積權 | 有利 | 不利 |
| 參加盈餘分派權 | 有利 | 不利 |
| 轉換權 | 有利 | 不利 |
| 贖回權 | 不利 | 有利 |
| 賣回權 | 有利 | 不利 |

賣回給企業者，稱為可賣回特別股；反之，稱為不可賣回特別股。

　　當企業需要資金時，若以借款的方式，則每年必須繳交利息，造成財務壓力；若發行一般普通股股票，可能會稀釋大股東的表決權。因此，目前的企業多發行無表決權的特別股，既不會稀釋大股東的表決權，當企業當年虧損時也沒有必須支付股利的壓力。茲將特別股的 6 項行使權利，依照對股東的影響，整理如表 1。目前市場上的特別股大約可分為兩類（詳見表 2）：

## 1.傳統產業特別股

　　傳統產業的國喬特（1312A）、中鋼特（2002A）等，為累積、可參加特別股，具有普通股的性質，評價與計算預期報酬率時還需考慮公司的營運情況，比較複

雜，故本書不詳加介紹。而台泥乙特（1101B）、光隆甲特（8916A）剛上市，亦不多加贅述。

## 2.金融業特別股

一般來說，公司可以透過發行債券或股票來集資，然而金融業屬於被政府高度管制的行業，依《銀行資本適足性及資本等級管理辦法》附件一規定，自 2019 年起，本國銀行合併及銀行本行的資本適足率（以銀行自有資本淨額除以其風險性資產總額而得的比率）須在 10.5% 以上。

對於金融業而言，發行債券無法增加資本適足率，發行普通股股票又會稀釋原股東的權益，因此，為了達到法定最低資本適足率的標準，許多金融機構會藉由發行特別股來充實資本。

由於金融機構發行特別股並非完全自願，故對於特別股股東有利的表決權、股利累積權、參加盈餘分派權、轉換權、賣回權等權利，一項都不給予；對特別股股東不利的贖回權，則絕對會在合約中，限制特別股股東的權利。因此，金融業發行的特別股其實比較接近債券的性質，無法享受一般普通股股東可以享受的權利。目前（2019 年 1 月）台灣發行的金融業特別股均為非累積、不可參加特別股。但王道銀甲特（2897A）例外，投資人有轉換權，但依目前（2019 年 1 月 29 日）股價及財務狀況，筆者認為投資人行使轉換權的機率極低。

| 表2 | **金融業特別股不能享有多數權利，較接近債券性質** |
|---|---|

——現有特別股的各項權利

|  | 代號 | 名稱 | 表決權 | 股利累積權 | 參加盈餘分派權 | 轉換權 | 贖回權 | 賣回權 |
|---|---|---|---|---|---|---|---|---|
| 傳統產業 | 1312A | 國喬特 | 有 | 有 | 有 | 否 | 否 | 否 |
| | 2002A | 中鋼特 | 有 | 有 | 有 | 有 | 否 | 有 |
| | 1101B | 台泥乙特 | 否 | 否 | 否 | 否 | 有 | 否 |
| | 8916A | 光隆甲特 | 否 | 否 | 否 | 有 | 有 | 否 |
| 金融業 | 2882A | 國泰特 | 否 | 否 | 否 | 否 | 有 | 否 |
| | 2882B | 國泰金乙特 | 否 | 否 | 否 | 否 | 有 | 否 |
| | 2881A | 富邦特 | 否 | 否 | 否 | 否 | 有 | 否 |
| | 2881B | 富邦金乙特 | 否 | 否 | 否 | 否 | 有 | 否 |
| | 2891B | 中信金乙特 | 否 | 否 | 否 | 否 | 有 | 否 |
| | 2887E | 台新戊特 | 否 | 否 | 否 | 否 | 有 | 否 |
| | 2887F | 台新戊特二 | 否 | 否 | 否 | 否 | 有 | 否 |
| | 2838A | 聯邦銀甲特 | 否 | 否 | 否 | 否 | 有 | 否 |
| | 9941A | 裕融甲特 | 否 | 否 | 否 | 否 | 有 | 否 |
| | 2897A | 王道銀甲特 | 否 | 否 | 否 | 有 | 有 | 否 |

資料來源：公開資訊觀測站

　　特別股的獲利多來自股利，當企業有賺錢時，原則上會依票面利率發放現金給投資人。但票面利率是固定的，即使金融機構賺再多的錢，給的股利也是一樣的。

　　此外，票面利率只是用來計算現金股利的利率，將票面利率乘以發行價格，可

以算出每年可獲得的現金股利金額。但由於目前特別股的市價不等於發行價格，
票面利率並非實際的報酬率。

　　有些人會直接將票面利率除以市價，再乘上發行價格，得到當期殖利率，但計
算時須注意，特別股的股價中已包含上次付息日到計算日當日的應計股利，應計
股利應該從特別股的股價中扣除。

　　最精準的計算方式是用現金股利折現模型，計算使淨現值（NPV）為 0 的內部
報酬率（IRR，詳見 8-3），該內部報酬率則為持有至重設日的實際報酬率。茲將
目前（2019 年 1 月）市場上的金融業特別股，依報酬率及各項性質整理如表 3。

　　到期殖利率與該公司的信用風險有關，風險愈高，理論上要提供較高的報酬率
來吸引投資人。若以信評機構中華信用評等的資料來比較，各金融機構的信用風
險為國泰金＝富邦金＜中信金＜台新金＜聯邦銀，因此，各家金融機構發行特別
股的到期殖利率大致與其風險成正向關係。

　　而特別股的票面利率於到期時會依據當時的利率水準重設，如果市場的利率降
低，特別股的票面利率高於市場利率，此時特別股的股價會上漲。但是由於金融
機構有贖回權，於重設期間期滿時，可以贖回已發行的特別股，或是依據當時的
利率水準重新設定較低的票面利率，對投資人不利。如果投資人預期未來市場將

表3 **金融業特別股信用風險愈高，到期殖利率多半愈高**
── 金融業特別股資訊

| 代號 | 名稱 | 上市日 | 票面利率（%） | 重設期間（年） | 到期日 | 發行價格（元） | 2019.01.30 收盤價（元） | 到期殖利率（%） | 中華信用評等 |
|---|---|---|---|---|---|---|---|---|---|
| 2882A | 國泰特 | 2017.01.17 | 3.80 | 7.0 | 無 | 60 | 63.50 | 3.29 | twAA 展望穩定 |
| 2882B | 國泰金乙特 | 2018.08.08 | 3.55 | 7.0 | 無 | 60 | 61.70 | 3.29 | twAA 展望穩定 |
| 2881A | 富邦特 | 2016.05.31 | 4.10 | 7.0 | 無 | 60 | 64.30 | 2.96 | twAA 展望穩定 |
| 2881B | 富邦金乙特 | 2018.04.23 | 3.60 | 7.0 | 無 | 60 | 62.10 | 3.38 | twAA 展望穩定 |
| 2891B | 中信金乙特 | 2018.01.26 | 3.75 | 7.0 | 無 | 60 | 64.00 | 3.14 | twAA- 展望穩定 |
| 2887E | 台新戊特 | 2017.02.10 | 4.75 | 7.0 | 無 | 50 | 54.60 | 3.68 | twA 展望正向 |
| 2887F | 台新戊特二 | 2019.01.08 | 3.80 | 7.0 | 無 | 50 | 51.20 | 3.38 | twA 展望正向 |
| 2838A | 聯邦銀甲特 | 2017.12.01 | 4.80 | 5.5 | 無 | 50 | 54.50 | 3.77 | twA 展望穩定 |
| 9941A | 裕融甲特 | 2018.11.26 | 4.00 | 5.0 | 無 | 50 | 52.10 | 3.13 | twA 展望負向 |
| 2897A | 王道銀甲特 | 2019.01.09 | 4.25 | 5.5 | 無 | 10 | 10.55 | 3.45 | twA 展望穩定 |

資料來源：公開資訊觀測站

降息，應該選擇重設期間較長的特別股。

反之，若市場未來利率上升，定存的利率上升到比特別股的票面利率還高，那特別股的投資價值就會下降，導致特別股的股價下跌。因此，如果投資人預期未來市場將升息，應該選擇重設期間較短的特別股，盡快領取票面利率重設後的較高現金股利。也就是說，如果預期未來會升息，較快到期的特別股，股價會比較高，導致到期殖利率較低。這也可以解釋為什麼，富邦特（2881A）的到期殖利率會低於國泰特（2882A）。

目前（2019 年 1 月）市面上的特別股報酬率有 2.96% 到 3.77% 不等，直接依購買上市櫃股票的方式購買即可，每天都有成交量，可隨時出售。特別股的股利每年發一次，股價原則上每個月漲一些，發現金股利時，股價除息調整，之後再每個月漲一些（詳見圖 1）。

筆者認為，前述提到的這幾檔金融業特別股，目前（2019 年 1 月）市場評價都算合理，並沒有較推薦哪一檔，投資人可以依照自己的偏好去挑選。由於金融業每月都會公布自結獲利，資訊較透明，在本身風險控管加上政府高度監理下，依目前的情況會發生虧損的機率不高。但是由於報酬幾乎固定，投資人不願意用非常高的價格去購買，也不好炒作，股價相對穩定，波動非常小，適合穩健型的投資者。

**圖1** **特別股每年除息一次，股價原則上每月漲一些**
──富邦特（2881A）股價週線圖

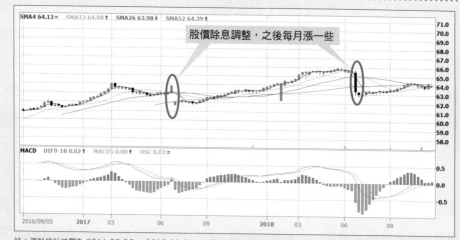

註：資料統計時間為 2016.09.05 ～ 2018.11.26　　資料來源：XQ 操盤高手

　　但是也要注意，當金融控股公司或銀行不賺錢時，是可以不發特別股股利的。因此建議投資人檢視過去的財務資料，觀察在極端事件下，金融機構是否仍然獲利。舉例如下：

　　① 2005 年～ 2006 年台灣雙卡風暴：指台灣發行信用卡及現金卡的銀行，因不當收取高利息，致使雙卡債務人背負龐大債務一事。由於眾多持卡人無力償還債務，許多銀行只能認賠了事。雙卡總計打消 700 億元左右的呆帳，約為總放款

額度的 1 成，金融類股股價一片慘綠，市值總計蒸發 4,700 億元。

在這場危機中，國泰金（2882）與富邦金（2881）因有旗下保險公司挹注獲利，2005 年與 2006 年均為獲利，也都有發放現金股利，故這兩家金控公司發行的特別股，中華信用評等也最高，均為 twAA（展望穩定）。而以消費金融為主的台新金（2887）、中信金（2891），在雙卡風暴期間受影響程度較大。其中，台新金連續 2 年虧損，連續 2 年沒發股利，中信金僅 2006 年虧損，只有 1 年未發現金股利。

**② 2008 年全球金融海嘯：**指受美國次級房貸影響所引發的全球金融危機。此次事件中台新金受傷嚴重，2008 年虧損，隔年未發放股利。國泰金與富邦金其實是有獲利，不過，因為考量資本適足率等因素，並未發放股利。中信金則是有獲利並發放股利，成為金融風暴後唯一有配發股利的大型金控公司。

除了上述極端事件之外，投資人也需要注意，特別股股利為股利所得，個人必須繳納個人綜合所得稅，若單筆股利金額超過 2 萬元，還必須繳納二代健保補充保費。

以國泰特為例，一股面額 60 元，每年可領 3.8% 的股利，每股可領 2.28 元，持有一張（1,000 股），就可領 2,280 元（2.28×1,000）。若購買 9 張，單

筆股利金額為 2 萬 520 元（2.28×1,000×9），就必須繳納二代健保補充保費，因此，建議購買數量以 8 張為上限。此外，也可以透過分散持有不同金融機構發行的特別股，讓單筆股利金額在 2 萬元以內。

　目前（2019 年 1 月）筆者持有國泰金乙特（2882B）、富邦金乙特（2881B）、中信金乙特（2891B）、台新戊特（2887E）、聯邦銀甲特（2838A）、裕融甲特（9941A），到期年化報酬率均在 3.13% 以上。雖然不吸引人，但比起空頭市場的負報酬率，特別股保值的能力很強，要賠錢的機率非常非常低，若有閒置資金的確可以考慮。

# 依據個人風險偏好
## 建構合適投資組合

1-5

　　從 1-1 到 1-4 這樣一路看下來可以知道，定存、黃金、債券、基金、保險、股票等各種投資工具的性質不同，各有其優缺點，因此並沒有說哪一個最佳（詳見表1）。

　　依筆者的觀點來看，上述投資工具中，定存雖然利率低，但完全保本，投資人可以少量配置。此外，黃金雖然可以拿來避險，但不適合拿來投資；債券的投資門檻較高，不適合一般投資人；基金各式各樣的手續費將吃掉獲利；投資型保單因為行政費用高昂以及資產撥回的不當設計，完全不建議投資人買進；儲蓄型保單必須持有一段時間之後，實際年報酬率才會回正，流動性風險較高，因此較不推薦一般投資人持有這些投資工具。

　　股票就不同了，就短期來看，投資普通股的報酬率波動大、風險高，但若將時間拉長到 30 年以上，報酬率卻都是正的（詳見 2-1），是不錯的投資工具。而特別股雖然有可能不發放股利，但因為報酬率幾乎固定，是相對穩健的投資工具。

| 表1 | **普通股的報酬最高，但短期價格風險較高** |

──各項投資工具的風險比較

| | 報酬率（%） | 短期價格風險 | 長期價格風險 | 流動性風險 | 通貨膨脹風險 |
|---|---|---|---|---|---|
| 定存 | 1.0 | 低 | 低 | 低 | 高 |
| 10年期公債 | 1.0 | 低 | 低 | 低 | 高 |
| 黃金 | 2.0 | 高 | 低 | 低 | 低 |
| 儲蓄型保單 | 2.0 | 低 | 低 | 高 | 高 |
| 特別股 | 3.5 | 低 | 低 | 低 | 高 |
| 基金 | 4.0 | 高 | 低 | 低 | 低 |
| 普通股 | 7.0 | 高 | 低 | 低 | 低 |

註：1.依報酬率低至高排列；2.因筆者不建議投資人購買投資型保單，故未將之列入表格中

　　如果投資人預期大盤將進入空頭走勢，就可以減少普通股的持股比率，增加特別股或定存的資金配置。此外，投資人也可以依據自己的風險偏好，建構一個投資組合。如果是年輕人，風險承受度較高，則可以將 7 成的資金配置在普通股，3 成的資金配置在定存及特別股（相關說明詳見第 2 章）。

第2章

# 了解投資風險
# 本金有保障

# 2-1 長期投資股市大盤
## 風險低、報酬高

　　在第 1 章的結尾有提到，筆者認為在各種金融工具中，股票是不錯的投資工具，以下我們將對此做進一步的說明。

　　一般人常常以「報酬率」作為衡量投資績效的唯一指標，認為報酬率 20% 的投資績效勝過報酬率 15% 的投資績效。然而，除了報酬率，「風險」是另一個衡量投資績效的指標。若只看報酬率卻忽略風險，很容易血本無歸。

　　因此，以下我們將比較不同情況下，持有各種金融工具的報酬率與風險，讓投資人能夠建構出風險低、報酬高的最佳投資組合。

　　由於美國為世界強國，多數國家的經濟都會受到美國的影響，加上美國的資料齊全，樣本時間長達 200 多年，期間發生過世界大戰、經濟大恐慌、石油危機等事件，經歷了數次的金融風暴與景氣循環。故接下來先以美國作為例子，讓大家了解在極端的情況下，各種金融工具的報酬率與風險為何，後面再探討台灣的股

票市場。

## 美國金融工具的報酬率與風險比較

依據「股壇教父」傑諾米‧席格爾（Jeremy Siegel）所著的《長線獲利之道：散戶投資正典》一書，將美國股票、長期政府公債、國庫券在 1802 年到 2012 年之間的報酬率做比較（詳見圖 1）。

### 1.報酬率

如果只投資 1 年，在最好的情況下，投資股票的報酬率（66.6%）遠高於投資長期政府公債（35.2%）、國庫券（23.7%）；在最差的情況下，投資股票的虧損（-38.8%）也高於投資長期政府公債（-21.9%）、國庫券（-15.6%）。代表如果只投資 1 年，投資股票的報酬高，風險也高。

如果將投資期間拉長為 2 年，在最好的情況下，投資股票的報酬率（29.4%）遠高於投資長期政府公債（24.7%）、國庫券（21.6%）；在最差的情況下，投資股票的虧損（-31.7%）也高於投資長期政府公債（-15.9%）、國庫券（-15.1%）。代表如果只投資 2 年，投資股票的報酬高，風險也高。

不過，如果將投資期間拉長為 30 年，在最好的情況下，投資股票的報酬率

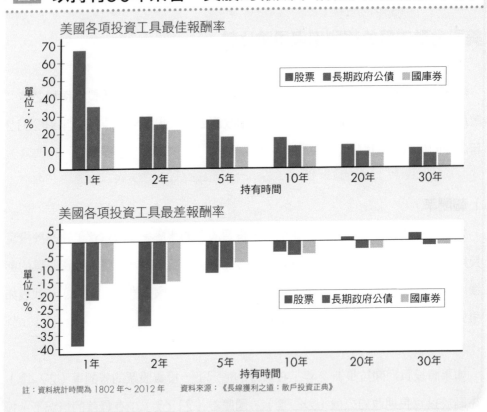

**圖1 以持有30年來看,美股的報酬率相較其他投資工具高**

美國各項投資工具最佳報酬率

■股票 ■長期政府公債 ▓國庫券

單位:%

持有時間:1年 2年 5年 10年 20年 30年

美國各項投資工具最差報酬率

■股票 ■長期政府公債 ▓國庫券

單位:%

持有時間:1年 2年 5年 10年 20年 30年

註:資料統計時間為 1802 年～ 2012 年　資料來源:《長線獲利之道:散戶投資正典》

(10.6%)遠高於投資長期政府公債(7.8%)、國庫券(7.6%);在最差的情況下,投資股票的報酬率(2.6%)已由負值轉為正值,且高於投資長期政府公債(-2.0%)、國庫券(-1.8%)。代表長期投資股市,風險低、報酬高。

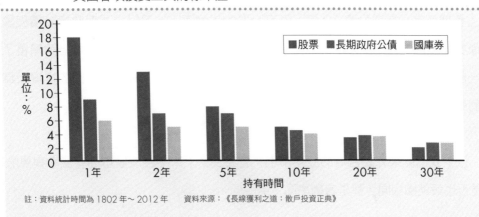

圖2 **隨著持有時間拉長，投資美股的風險也逐漸下降**
──美國各項投資工具的標準差

單位：%

■股票 ■長期政府公債 ■國庫券

持有時間

註：資料統計時間為 1802 年～ 2012 年　　資料來源：《長線獲利之道：散戶投資正典》

## 2.風險

　　比較完各項投資工具的報酬率後，接著我們來比較各項投資工具的風險。我們用報酬率的波動程度，也就是報酬率的標準差，來衡量各項投資工具的風險（詳見圖2）。

　　從圖 2 可以看出，美國股票的風險會隨著持有時間拉長而減少。當持有 20 年時，股票的標準差（3.5%）已經小於長期政府公債（3.8%）與國庫券的標準差（3.6%）；當持有 30 年時，股票的標準差（2.0%）小於長期政府公債（2.7%），與國庫券標準差（2.7%）的幅度更大。這表示當長期持有金融工具時，投資美股

的風險比投資長期政府公債與國庫券的風險還要低。

　　整體而言，長期投資 30 年，投資股票的報酬率，比起投資長期政府公債與國庫券還要高，但是風險卻比投資長期政府公債與國庫券還要低。這個結論顛覆了一般投資人認為股票是高風險的認知，也是筆者認為股票其實是不錯的投資工具的原因。

　　以下我們就來介紹台灣的股票市場，看看長期下來，台灣股市的報酬率與風險是否也與美國相同，都是報酬率高、風險低。

## 台股的報酬率與風險分析

　　台灣證券交易所（簡稱「證交所」）編製的發行量加權股價指數（簡稱「加權指數」、TAIEX），是以 1966 年平均數為基期，基期指數設為 100。有關加權指數編製的詳細資訊詳見 8-1。

　　在計算台灣加權指數的報酬率之前，必須先將歷史數據找出來。大家可以從證交所的網站（www.twse.com.tw/zh）找到 1999 年 1 月 5 日以後的加權指數資料，而更早期，如 1971 年～ 1998 年的資料，可以從台灣經濟新報（TEJ）資料庫（www.tej.com.tw）取得。

表1 **持有台股30年，賺錢機率為100%**
──加權指數報酬率統計表

| | 持有期間 | | | | | |
|---|---|---|---|---|---|---|
| | 1年 | 2年 | 5年 | 10年 | 20年 | 30年 |
| 樣本總數（次） | 564 | 552 | 516 | 456 | 336 | 216 |
| 樣本正值（次） | 377 | 392 | 430 | 435 | 335 | 216 |
| 樣本負值（次） | 187 | 160 | 86 | 21 | 1 | 0 |
| 賺錢機率（%） | 67 | 71 | 83 | 95 | 100 | 100 |
| 賠錢機率（%） | 33 | 29 | 17 | 5 | 0 | 0 |
| 年化報酬率最大值（%） | 376 | 201 | 75 | 38 | 23 | 16 |
| 年化報酬率最小值（%） | -73 | -42 | -13 | -2 | 0 | 4 |

註：資料統計時間為 1971.01～2018.12　　資料來源：台灣經濟新報資料庫、台灣證券交易所

　　至於現金股利，由於證交所加計現金股利的發行量加權股價報酬指數（TWSE）是從 2003 年 1 月才開始編製，在這之前，每年的現金股利只能自行假設。例如可以假設 2002 年以前，每年的現金股利殖利率率皆為 1.5%，並於發放現金股利的 7 月、8 月、9 月，以各影響報酬率 0.5 個百分點計算。

　　前面在探討美國市場時是用標準差來衡量風險，然而標準差的數值並非那麼直觀，投資人在意的風險通常是虧損的機率與金額，故此處改用虧損的機率與最大損失作為衡量風險的指標。我們取 1971 年 1 月到 2018 年 12 月的資料為例子（詳見表 1）。

　　我們可以用每月月底的收盤價作為基礎，與前 1 年的資訊做比較，計算報酬率。例如若投資加權指數 1 年，用 1972 年 1 月底的收盤價，和 1971 年 1 月底的收盤價相比，計算一個報酬率。用 1972 年 2 月底的收盤價，和 1971 年 2 月底的收盤價相比，計算一個報酬率。用 1972 年 3 月底的收盤價，和 1971 年 3 月底的收盤價相比，計算一個報酬率⋯⋯這樣算下來，共可得 564 個樣本，其中有 377 個樣本是正值，187 個樣本是負值，代表賺錢的機率有 67%（377÷564×100%），賠錢的機率有 33%（187÷564×100%）。在最好的情況下，報酬率為 376%；最壞情況下，報酬率為 -73%。此時投資股票的風險非常高，有 33% 的機率會虧損，最大損失為 73% 的資金。

　　若將持有的時間拉長為 2 年。用 1973 年 1 月底的收盤價，和 1971 年 1 月底的收盤價相比，計算一個報酬率。用 1973 年 2 月底的收盤價，和 1971 年 2 月底的收盤價相比，計算一個報酬率⋯⋯這樣算下來，共可得到 552 個樣本。其中有 392 個樣本是正值，160 個樣本是負值，代表賺錢的機率有 71%（392÷552×100%），賠錢的機率有 29%（160÷552×100%）。在最好的情況下，報酬率為 201%；最壞情況下，報酬率為 -42%。此時投資股票的風險雖然還是很高，有 29% 的機率會虧損，年化報酬率為 -42%，但與投資 1 年相比，風險已略微下降。

　　若將投資加權指數的持有時間拉長為 30 年，共可得 216 個樣本，其

中有 216 個樣本是正值，0 個樣本是負值，代表賺錢的機率有 100%（216÷216×100%），賠錢的機率降為 0%（0÷216×100%）。在最好的情況下，報酬率為 16%，最壞的情況下，報酬率為 4%。雖然此時的最佳報酬率遠低於持有 1 年的報酬率，但即使是在最差的情況下，報酬率仍為正值，這表示若能長期持有股票 30 年，理論上來說是不可能賠錢的。

由上述的統計可以證明，股票在短期是一個風險高、報酬高的投資工具。但只要能長期持有，股票就會變成一個風險低、報酬高的投資工具。若能長期持有 30 年以上的時間，投資股票就絕對會賺錢。

此外，我們從表 1 中也可以看出，股票上漲的機率遠高於下跌的機率，因此建議大家，盡量做多、少做空。做多要賺錢很容易，做空要賺錢是難上加難，不建議初學者輕易嘗試。就好比我們常常聽到，有人長期投資股票最後發財致富。但有聽過哪一個人長期放空股票，連續放空 30 年，最後變成大富翁的嗎？筆者是沒有聽過，如果有人認識長期放空指數因而致富的，歡迎介紹給筆者認識。

讀到這裡，一定有人會抗議，加權指數在 1990 年 2 月 12 日創下台股歷史最高紀錄，盤中高點 1 萬 2,682 點，但隨後便出現長達 8 個月的大崩盤走勢。1990 年 10 月 12 日，出現 2,485 點的盤中低點，下跌了 1 萬 197 點（詳見圖 3）。由於 1 萬 2,682 點的歷史紀錄至今仍未被超越，如果不幸在當天買進股

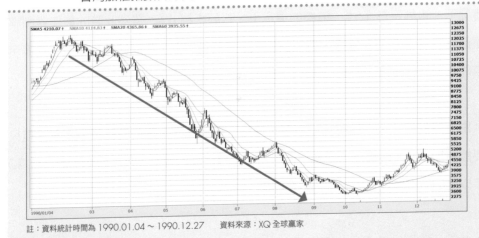

圖3 **1990年台股從1萬2,682高點跌到僅剩2,485點**
——台灣加權指數日線圖

註：資料統計時間為 1990.01.04 ～ 1990.12.27　資料來源：XQ 全球贏家

票，至今應該還是虧損的，怎麼會說持有 30 年保證賺錢呢？

　　若單看加權指數的話的確如此，但考量現金股利後，結果將完全不同。圖 4 中
紅色線為加權指數，也就是一般我們熟悉的大盤指數；藍色線為還原現金股利後
的加權股價報酬指數。若只看紅色的加權指數趨勢線，確實是低於 1990 年 2 月
12 日的歷史高點 1 萬 2,682 點。但若還原現金股利（同樣假設 2002 年以前殖
利率為每年 1.5%），以藍色的加權股價報酬指數為準，則 1990 年 2 月 12 日
為 1 萬 6,759 點，截至 2018 年 12 月 31 日，指數為 2 萬 8,186 點，漲了約

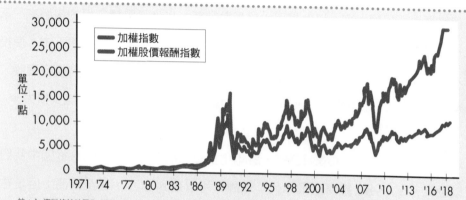

**圖4** 加計股息後，台股大盤已經達3萬點
──加權股價報酬指數走勢圖

註：1. 資料統計時間為 1971.01 ～ 2018.12；2. 資料節點日期為 1 月 25 日；3. 假設 2002 年以前，每年的現金股利殖利率
　　皆為 1.5%，並於每年的 7 月、8 月、9 月各影響報酬率 0.5 個百分點
資料來源：台灣證券交易所、台灣經濟新報資料庫

68%（（2 萬 8,186–1 萬 6,759）÷1 萬 6,759×100%）。也就是說，長期持有加權指數 29 年，即使當時買在相對高點，總報酬率也有 68%，年化報酬率以 29 年計算也有 1.8%（（1＋68%）^（1÷29）–1）。

　　由此可知，股票的短期風險非常高，因此有較高的投資報酬率。但隨著時間的拉長，股票的風險逐漸下降，報酬率為負值的機率大幅減少。若長期持有 30 年，依過去的歷史紀錄來看，穩賺不賠，賺錢的機率是 100%。就長期而言，股票是一項風險低、報酬高的投資工具。因此，筆者建議市場上的投資人，不要太在意

短期績效，才能享受股票帶給投資人的高報酬。

　　但這裡也要提醒大家，以上是用大盤指數計算，也就是整體市場的報酬率，不是指個股。若選到經營不善的公司，長期持有的下場可能是公司倒閉下市，使投資人血本無歸。也就是說，長期投資穩賺不賠只適用於大盤指數。若投資個股，必須不斷檢視公司的經營績效。當公司前景堪慮時，就必須賣出股票減少損失。

　　若長期持有台灣加權指數 10 年，將年化投資報酬率繪製成圖 5。從圖中我們可以發現，在 1980 經濟起飛年代，報酬率可以達到 20%，甚至更高；但是在 2000 年代，報酬率僅有 4%；到了 2010 年代，投資報酬率回到 7% 左右。

　　上述提到的投資報酬率，是考慮現金股利後的報酬率，也是投資人平均的報酬率。大家可以回想一下，自己過去 10 年的報酬率，是否超過 7%？如果有的話，那恭喜你，你的投資績效超越大盤。如果沒有，那就要調整自己的投資方式，找出屬於自己的投資策略。有關投資策略部分，詳見第 5 章。

## 退休人士仍可將 40% 資產投入股市

　　我們從前文可以知道，不論是美國的股市或台灣的股市，股票都具有「短期風險高，報酬高；長期風險低，報酬高」的特性。故筆者建議，對於短期的資金需

**圖5 2010年代，投資台股的報酬率約為7%**
──持有台灣加權指數10年之報酬率

註：1.資料統計時間為1981.01～2018.09；2.資料節點日期為1月31日；3.假設2002年以前，每年的現金股利殖利率皆為1.5%，並於每年的7月、8月、9月各影響報酬率0.5個百分點。
資料來源：台灣證券交易所、台灣經濟新報資料庫

求者而言，建議將少部分的資金配置在股市，其餘的資金可以配置在定存、債券、特別股等報酬較穩定的金融資產（詳見表2）。

　舉例來說，如果明年有購屋需求者，在明年必須將股票出售買房，若隔年股市大跌，勢必會有鉅額損失，因此建議將10%的資金投入股市就好。

　隨著持有時間拉長，股票的風險漸漸降低，這時可以提高持有股票的比率。當

預期持有時間提高為 5 年，投資股市的比重可以增加為 25%。

至於退休人士，一般的觀念認為這些人沒有工作收入，理財操作的策略上應該盡量保守。但假設 60 歲退休，以台灣人的平均壽命 80 歲計算，預計持有股票的時間將近有 20 年，可以度過至少一個完整的景氣循環，因此仍建議將 40% 的資金配置在股票上。

對於正在工作的年輕人，預計持有股票的時間絕對超過 30 年，會建議將 70% 的資金投入股市，即使股票市場崩盤，年輕人每個月都有工作收入，可以逢低加碼，享受股市帶來的高報酬。

上述不同持有期間的資產配置比率，是依據投資工具的風險與報酬，使用嚴謹的統計公式計算出來的。即使是年輕人，也要保有 30% 的穩健資產，當無法預期的突發狀況發生時，才有資金即時因應。例如當空頭市場發生時，融資者可能因保證金不足，在股市低點被券商強迫斷頭，血本無歸後，也就無法享受之後股價上漲的利益。因此，無論預期持有股票的時間有多長，都應該保有部分現金，而不應該融資借錢投入股市。

此外，投資人不要幻想自己能有穩賺不賠的內線消息。試想，你對於自己服務的公司，了解的程度有多少？能估計出明年的基本每股盈餘（EPS）嗎？如果對於

## 表2　有短期資金需求者，不宜配置過多資金於股票
——不同年齡的資產配置組合

| | 持有期間 | | | | | |
| --- | --- | --- | --- | --- | --- | --- |
| | 1年 | 2年 | 5年 | 10年 | 20年 | 30年 |
| 股票配置比率（％） | 10 | 10 | 25 | 40 | 60 | 70 |
| 定存、債券、特別股等配置比率（％） | 90 | 90 | 75 | 60 | 40 | 30 |
| 建議對象 | 有短期資金需求者 | | 老年人 | 退休者 | 壯年人 | 年輕人 |

資料來源：《長線獲利之道：散戶投資正典》

自己服務的公司，都沒有十成的把握，對於自己不熟悉的公司，又怎麼保證內線消息的正確性呢？況且，一般投資人聽到的內線消息，往往已經轉了好幾手，市場上的專業投資人早就知道了，股價也已漲上去了，此時買進，往往被套在高點。

　　因此，請所有投資人切記，投資是有風險的，千萬不要將所有錢都投入股市、不要借錢融資，更不要聽信內線消息，如此一來，才能保住獲利。

# 2-2 投資指數股票型基金
# 賺取貼近大盤報酬

2-1 談論台灣股市時有提到，長期投資穩賺不賠的策略只適用於大盤指數。然而大盤指數卻無法買賣，投資人該怎麼做才能享有與投資大盤一樣的報酬呢？在公布答案之前，要先來介紹一種投資工具──ETF。

ETF 全名為 Exchange Traded Funds，若將英文直譯，意思是在證券交易所交易的基金，目前統一翻譯為「指數股票型證券投資信託基金」，簡稱為「指數股票型基金」。1-2 曾經介紹過，基金就是投資一籃子的股票，而 ETF 的名字裡有基金兩個字，當然也不例外，也是投資一籃子的股票。然而與一般傳統的基金不同的地方在於，ETF 雖然是開放型基金，但也有市場價格，每天在證券交易所讓投資人買賣，也具有股票的特性。

ETF 多為被動型基金，不以打敗大盤為目標，而是希望能夠透過不同的複製方法，來得到與大盤相同的報酬率。ETF 的複製方法有許多種，若是採用完全複製法的 ETF，則不論追蹤的指數有哪些股票，ETF 就會依比例購買與指數相同的股票，

股票,如此一來,其報酬率會非常接近追蹤指數的報酬率。

## 台股最熱門的 ETF 為元大台灣 50

目前市場上最熱門的 ETF,為元大投信發行的元大台灣卓越 50 證券投資信託基金(簡稱「元大台灣 50」,股票代號為 0050,詳細資訊可以參考元大投信的公開說明書 www.yuantaetfs.com/#/Instructions/1066),這檔 ETF 主要是複製台灣 50 指數,其成分股為台灣上市櫃中市值最大的前 50 家公司(詳見表 1)。

由於 0050 的成分股為市場上市值前 50 大的企業,而這 50 家企業的總市值占大盤的比重約有 7 成,故持有 0050 的報酬率會非常接近大盤的報酬率(詳見表 2)。若投資人對於大盤的 7% 年化報酬率(統計時間為 2008 年 10 月 1 日~2018 年 9 月 30 日)感到滿意,其實可以購買 0050,以達到和大盤接近的報酬率(詳見表 2)。

然而,0050 每年要繳的手續費也不少,包括基金經理費 0.32%,基金保管費0.035%,指數授權費 0.04%,上市費及年費 0.03%,費用率合計約 0.425%。雖然比一般基金的費用率 3% 來得低,但還是比國外基金(0.04%)高出許多。

投資人若不願意被收基金管理費,又希望可以提升年化報酬率至 15%,其實可

表1　元大台灣50追蹤台股市值前50大上市櫃公司

| 產業 | 權重（%） | 產業 | 權重（%） | 代號 | 簡稱 | 權重（%） |
|---|---|---|---|---|---|---|
| 傳產 | 22.498 | 塑　　化 | 9.608 | 1301 | 台　　塑 | 3.242 |
| | | | | 1303 | 南　　亞 | 2.724 |
| | | | | 1326 | 台　　化 | 2.493 |
| | | | | 6505 | 台　塑　化 | 1.149 |
| | | 紡　　織 | 0.797 | 1402 | 遠　東　新 | 0.797 |
| | | 製　　鞋 | 0.487 | 9904 | 寶　　成 | 0.487 |
| | | 橡　　膠 | 0.501 | 2105 | 正　　新 | 0.501 |
| | | 電　　信 | 4.035 | 2412 | 中　華　電 | 2.380 |
| | | | | 3045 | 台　灣　大 | 0.993 |
| | | | | 4904 | 遠　　傳 | 0.662 |
| | | 公用事業 | 0.354 | 2633 | 台　灣　高　鐵 | 0.354 |
| | | 食　　品 | 3.319 | 1216 | 統　　一 | 2.174 |
| | | | | 2912 | 統　一　超 | 1.145 |
| | | 水　　泥 | 1.603 | 1101 | 台　　泥 | 1.055 |
| | | | | 1102 | 亞　　泥 | 0.548 |
| | | 鋼　　鐵 | 1.794 | 2002 | 中　　鋼 | 1.794 |
| 電子 | 59.322 | 電子零件 | 15.098 | 2317 | 鴻　　海 | 6.722 |
| | | | | 3008 | 大　立　光 | 2.120 |
| | | | | 2474 | 可　　成 | 1.411 |
| | | | | 2308 | 台　達　電 | 1.610 |
| | | | | 2327 | 國　　巨 | 1.013 |
| | | | | 2409 | 友　　達 | 0.646 |
| | | | | 2492 | 華　新　科 | 0.589 |
| | | | | 3481 | 群　　創 | 0.519 |
| | | | | 2354 | 鴻　　準 | 0.468 |

──元大台灣50（0050）各成分股及比重

| 產業 | 權重（%） | 產業 | 權重（%） | 代號 | 簡稱 | 權重（%） |
|---|---|---|---|---|---|---|
| 電子 | | 半導體 | 40.717 | 2330 | 台 積 電 | 35.864 |
| | | | | 2454 | 聯 發 科 | 2.064 |
| | | | | 2311 | 日 月 光 | 1.430 |
| | | | | 2303 | 聯 電 | 1.088 |
| | | | | 2408 | 南 亞 科 | 0.271 |
| | | 電 腦 | 3.507 | 2357 | 華 碩 | 1.059 |
| | | | | 2382 | 廣 達 | 0.805 |
| | | | | 4938 | 和 碩 | 0.697 |
| | | | | 2395 | 研 華 | 0.481 |
| | | | | 2301 | 光 寶 科 | 0.465 |
| 金融 | 18.182 | 金 控 | 16.351 | 2891 | 中 信 金 | 2.374 |
| | | | | 2882 | 國 泰 金 | 2.355 |
| | | | | 2881 | 富 邦 金 | 2.165 |
| | | | | 2886 | 兆 豐 金 | 1.703 |
| | | | | 2884 | 玉 山 金 | 1.318 |
| | | | | 2892 | 第 一 金 | 1.151 |
| | | | | 2885 | 元 大 金 | 1.026 |
| | | | | 5880 | 合 庫 金 | 0.958 |
| | | | | 2880 | 華 南 金 | 0.905 |
| | | | | 2883 | 開 發 金 | 0.901 |
| | | | | 2887 | 台 新 金 | 0.830 |
| | | | | 2890 | 永 豐 金 | 0.665 |
| | | 銀 行 | 0.659 | 2801 | 彰 銀 | 0.659 |
| | | 壽 險 | 0.453 | 2823 | 中 壽 | 0.453 |
| | | 租 賃 | 0.719 | 5871 | 中租-KY | 0.719 |

註：資料統計時間為 2018.09.30　資料來源：2018 年元大台灣卓越 50 證券投資信託基金公開說明書

表2 **0050的報酬率貼近台股大盤**
——元大台灣50（0050）近期報酬率比較

| | 報酬期間 | | | | | | |
|---|---|---|---|---|---|---|---|
| | 近3個月 | 近6個月 | 近1年 | 近3年 | 近5年 | 近10年 | 近10年年報酬率 |
| 基金報酬率（%） | 7.2 | 5.8 | 7.8 | 39.7 | 53.3 | 93.7 | 6.8 |
| 標的指數（%） | 5.5 | 2.8 | 7.6 | 39.9 | 52.2 | 96.5 | 7.0 |

註：資料統計時間至 2018.09.30，基金成立日為 2003.06.25； 標的指數為台股加權指數
資料來源：2018 年元大台灣卓越 50 證券投資信託基金公開說明書

以考慮自己買進一籃子的股票，建構一個投資組合。至於要如何選股，投資人首先要看懂財務報表，利用各種財務比率找出價值被低估的績優股，並用各種投資策略強化投資報酬率，以下章節會針對各點一一詳細介紹。

# 第 3 章

# 學看財務報表
# 找出好公司

# 3-1 資產負債表》檢視3項目避開周轉不靈公司

若投資人僅希望得到與大盤相同的報酬，可以投資追蹤大盤指數的元大台灣 50（0050），依照台灣過去 10 年的資料計算，年化報酬率約有 7%。若是投資人願意研究個股，則了解財務報表後，再依據財務比率分析買進便宜的績優股，就有機會將報酬率提升到 15%。因此，本章先介紹財務報表的架構，再於下一章介紹財務比率分析。

一家公司的主要財務報表共有 4 張，分別為資產負債表、綜合損益表、現金流量表和權益變動表。對投資股票而言，最重要的是資產負債表及綜合損益表；其次為現金流量表；權益變動表的影響相對不大，故此處暫且略過不提。下面先來介紹資產負債表，綜合損益表和現金流量表將在後面幾節一一介紹。

資產負債表是一家公司在某特定日財務狀況的表格，是一種「存量」的概念。存量的項目會持續累積，延續到下一年，會計上稱為「實帳戶」，顯示的是公司累積經營成果。例如 2018 年 12 月 31 日這一天，筆者的銀行存款金額為 1,300

萬元，到了 2019 年 1 月 1 日，這 1,300 萬元依然存在，不會歸零。

　　資產負債表主要包含資產、負債和權益 3 個項目，其中資產是指在未來會替公司產生經濟資源流入的項目，又可分為「流動資產」與「非流動資產」，是公司的權利；負債是指在未來會替公司產生經濟資源流出的項目，又可分為「流動負債」與「非流動負債」，是公司的義務；權益是指屬於股東的權利，等於資產總額減除負債總額。

　　資產、負債和權益能夠呈現公司的財務結構，投資人可以從報表中看出這家公司的資產有多少金額是跟銀行借款、有多少金額是股東自己掏腰包出資。詳細公式如下：

## 會計恆等式：資產＝負債＋權益

　　舉例來說，假設筆者想要購買一棟價值 1,000 萬元的房子，但銀行戶頭裡只有 200 萬元，於是向銀行借款 800 萬元來買房。若是用資產負債表來表示，則價值 1,000 萬元的房子是資產，800 萬元的銀行貸款是負債，而筆者自掏腰包的 200 萬元自備款就是權益。

　　對於投資人來說，資產負債表是一張很重要的報表。有時候一家公司會倒閉，

不一定是因為連年虧損，而是因為流動性問題一時缺乏現金，周轉不靈造成倒閉。但投資人可以藉由評估資產負債表中流動資產及流動負債兩者的關係，例如計算公司的流動比率、速動比率等（詳見 4-1），來衡量公司的流動性風險。

因此，從投資股票的角度來看，資產負債表可說是一種消極防禦型報表，可用來尋找不會因為周轉不靈而倒閉的公司。以下就來介紹資產負債表中重要的會計項目：

## 流動資產》1 年或 1 個營業週期內可變現的資產

流動資產是指可以在 1 年內或 1 個營業週期內將之變成現金的資產，投資人需要留意的是下面 6 個項目：

1. **現金及約當現金**：現金包括庫存現金、零用金及銀行存款。用途受限制的現金要跟可自由運用的現金分開列示。例如公司在借款的時候，銀行通常會要求將部分借款資金回存銀行，用來當作擔保品。這部分借款回存的現金就必須重分類為受限制資產，不能列為現金。

2. **流動金融資產（俗稱「短期投資」）**：短期投資是指公司在 1 年以內會處分，並收回現金的投資。短期投資通常為交易目的金融資產，期末公允價值（市價）

變動的損益需要認列在綜合損益表中的營業外收入與支出項下。

3. **應收帳款**：應收帳款是指公司依據正常營業活動所產生的債權，主要是公司讓客戶賒帳所產生的債權。應收帳款的計價方式可以是新台幣或外幣，要注意的是，如果應收帳款是以外幣計價，則當匯率波動時，會產生匯兌損益，必須認列在綜合損益表中的營業外收入與支出項下，將影響公司本期淨利的金額。

此外，投資人也要注意此筆交易是否符合常規交易？公司應收帳款的對象是否為《國際會計準則公報（IASs）》第 24 號公報「關係人揭露」所定義的關係人？客戶的財務狀況是否良好？公司帳款收回的情況如何？公司對於收不回來的帳款，是否已經提列足額的備抵呆帳？若發現有任何異常，則須特別留意。

4. **應收票據**：應收票據是指公司依據正常營業活動所產生的債權，但公司讓客戶賒帳，口說無憑，故請客戶開立紙本的票據，作為憑證。也就是說，應收帳款是口頭承諾的債權，應收票據為有紙本作為憑證的債權。

5. **存貨**：存貨是指公司購入的商品，或是指公司自己製造的商品。其實，存貨就是公司用來出售賺取利潤的商品。《國際會計準則公報（IASs）》第 2 號公報「存貨」規定，存貨要按成本與淨變現價值孰低來衡量。淨變現價值指在正常情況下的估價銷售，減除至完工尚需投入的成本及銷售費用後的餘額，也就是淨變現價

值為市價減除處分成本。

　　簡單來說，如果期末的存貨價格上漲，還是用原本購買進來的價格入帳；但是如果存貨的價格下跌，存貨下跌的部分要認列損失，存貨跌價損失會分類在銷貨成本中，使銷貨成本金額上升。當存貨價值有回升時，公司應就回升的部分認列存貨價值回升利益。茲舉例如下：

　　假設第 1 季季底，存貨的原始成本為 100 元，當時的淨變現價值為 120 元，因為存貨沒有發生跌價，所以會計上不需做調整。

　　第 2 季季底，存貨的原始成本為 200 元，當時的淨變現價值為 170 元，存貨原始成本高於淨變現價值 30 元（200-170），公司必須於第 2 季季底認列存貨跌價損失 30 元，使得第 2 季的銷貨成本增加 30 元。

　　第 3 季季底，存貨的原始成本為 140 元，當時的淨變現價值為 190 元，存貨原始成本低於淨變現價值 50 元（140-190）。因為與第 2 季季底相比，存貨價格回升，故公司必須於第 3 季季底認列存貨價值回升利益 30 元，使得第 3 季的銷貨成本減少 30 元（詳見表 1）。

　　由於存貨跌價損失或存貨價值回升利益會影響銷貨成本，進而影響毛利率（詳

表1　若存貨成本高於淨變現價值，則需認列為銷貨成本
──成本與淨變現價值孰低法對存貨的影響

| 存貨 | 第1季 | 第2季 | 第3季 |
|---|---|---|---|
| 原始成本 | 100 | 200 | 140 |
| 淨變現價值 | 120 | 170 | 190 |
| 備抵存貨跌價 | 0 | 30 | 0 |
| 存貨跌價損失 | － | 30 | － |
| 存貨價值回升利益 | － | － | 30 |
| 對銷貨成本的影響 | － | 增加30 | 減少30 |

註：單位皆為元

見 4-3）。因此，在計算毛利率時，應該將存貨跌價損失或存貨價值回升利益對銷貨成本的影響予以排除。

6. **預付款項**：預付款項是指預先支付現金所得到使用財產的權利，例如預付租金、預付保險費。預付款項通常無法轉換為現金，需於之後耗用時逐期轉認列為費用。

## 非流動資產》預期持有期間會超過 1 年或 1 個營業週期的資產

非流動資產是指預期持有期間會超過 1 年或 1 個營業週期以上的資產，投資人需要留意的是下面 3 個項目：

1. **非流動金融資產（俗稱「長期投資」）**：長期投資可以是因為理財目的投資債券或股票，也可以是因為營業目的持有關係企業的股權，以控制關係企業或與關係企業保持密切的往來。或是基於償債或擴建廠房等目的，預先留下一筆資金，作為償債基金、擴建廠房基金等。

也就是說，長期投資包括因理財目的而持有有價證券、因營業目的持有關係企業的股權，以及因特殊目的提列的基金。

2. **不動產、廠房及設備（俗稱「固定資產」）**：不動產、廠房及設備係指供營業使用，耐用年限在 1 年以上的有形資產，如土地、土地改良物、房屋及建築、機器及設備等。不動產、廠房及設備應於每期使用時提列折舊費用。

3. **無形資產**：無形資產指可以產生長期經濟效益，卻無實體的經濟資源，包括專利權、商譽等等。無形資產應於使用年限逐期攤銷。由於無形資產在評價上較為主觀，投資人在進行投資決策時，如果無形資產占資產總額的比率過大，應評估無形資產是否能對公司產生未來經濟效益。

## 流動負債》1 年或 1 個營業週期內需支付現金的負債

流動負債指必須在 1 年內或 1 個營業週期內支付現金的負債，投資人需要留意

的是以下 6 個項目：

**1. 應付帳款**：應付帳款指公司依據正常營業活動所產生的債務，主要是供應商讓公司賒帳所產生的債務。

應付帳款計價的方式可以是新台幣或外幣，要注意的是，如果應付帳款是以外幣計價，則當匯率波動時，會產生匯兌損益，必須認列在綜合損益表中的營業外收入與支出項下，將影響本期淨利的金額。

**2. 應付票據**：應付票據指公司依據正常營業活動所產生的債務，但供應商讓公司賒帳，口說無憑，請公司開立紙本的票據，作為憑證。也就是說，應付帳款是口頭承諾的債務，應付票據為有紙本作為憑證的債務。

**3. 應付費用**：應付費用指公司依據正常營業活動所產生對非供應商的債務。公司因向上游供應商購買存貨所產生的債務為應付帳款或應付票據。若支付的對象非為上游供應商，則認列為應付費用，如應付薪資費用，應付利息費用、應付租金費用等。

**4. 應付所得稅款**：應付所得稅款指的是公司已經發生，但仍尚未繳納國庫的所得稅。

5. **預收收入**：公司預先向客戶收取現金，但尚未提供商品或服務，為公司的負債。表示公司在未來有義務提供商品或服務給客戶。

6. **短期借款（俗稱「短期銀行借款」）**：指須於 1 年以內償還的銀行借款。由於公司在 1 年內財務迅速惡化的機率較低，故對銀行或其他機關而言，將資金貸放給公司，如果是短期借款，收不回來的機率較低，故銀行或其他機關會對短期借款收取較低的利息。

## 非流動負債》1 年以上才需償還的負債

非流動負債是指超過 1 年以上才需要償還的負債，投資人需要留意的是下面 2 個項目：

1. **長期借款（俗稱「長期銀行借款」）**：指於 1 年以上才需償還的銀行借款。若借款期限超過 1 年，公司財務惡化的機率較高，銀行收不回資金的機率較高，故銀行會對長期借款收取較高的利息。也就是說，短期銀行借款利率較低，長期銀行借款利率較高。

2. **應付公司債券**：指公司自己發行借款憑證，以直接金融方式取得資金。應付公司債券的借款利率通常會低於銀行借款的利率。

一般來說，公司取得資金的方式可分為間接金融與直接金融兩種。間接金融是指公司透過銀行取得資金，例如社會大眾以 1% 的利率將資金存在銀行，銀行再用 3% 貸放給公司，賺取 2 個百分點的利差。

直接金融則指公司不透過銀行，直接向社會大眾取得資金。例如公司用 2% 的利率發行公司債券，直接向社會大眾取得資金。

與間接金融相比，公司使用直接金融所須支付的利率可以少 1 個百分點，社會大眾取得的利率可以多 1 個百分點，不論是資金的供給者或資金的需求者都可以獲益。然而此種方式並非所有公司都適用，通常只有信用良好的大公司，才有辦法利用直接金融的方式取得資金。

## 權益》資產減除負債後的餘額

權益是指公司全部資產減除全部負債後的餘額，而投資人需要留意的是以下 6 個項目：

1. **資本（俗稱「股本」）**：股本指股東投入的資金，是依面額計價。台灣自 2013 年以後改採彈性面額制，公司可以自行設定股票面額價格，但通常為每股 10 元。

**2. 資本公積**：資本公積指由權益項目所產生的淨資產增加數。公司最主要的資本公積來自溢價發行股本，也就是股價發行價格超過面額的部分。至於其他權益項目，如庫藏股交易、股東捐贈、發行認股權證等，亦會影響資本公積。

**3. 保留盈餘（或累積虧損）**：保留盈餘（或累積虧損）指公司自成立至今，累積所賺的錢扣除分配股利後的金額。公司的獲利到年底要結帳，綜合損益表項目的金額必須歸零，全數結轉保留盈餘。

切記，保留盈餘（或累積虧損）與長期投資項下的基金不同，基金有提撥專款存儲供特定用途使用，然而保留盈餘（或累積虧損）公司沒有提撥等額現金，此須特別注意。

簡單來説，公司因為資產或負債價值的變動，所發生的損益通常列為保留盈餘（或累積虧損）；公司因為權益項目而導致公司價值的改變，則列為資本公積。

**4. 其他權益-其他**：「其他權益-其他」指台灣在 2013 年採用《國際財務報導準則公報（IFRSs）》編製報表時新增的部分，包括透過其他綜合損益按公允價值衡量的金融資產未實現損益、現金流量避險中屬於有效避險部分的避險工具損益、國外營運機構財務報表換算的兌換差額、未實現重估增值、確定福利計畫再衡量數等。

5. **庫藏股票**：庫藏股票為公司買回自己公司股票的成本，也就是公司規定收回的發行股份，尚未再出售或註銷者，為股東權益的減項。

6. **非控制權益**：非控制權益，以前稱為「少數股權」，是指子公司的權益中，非直接或間接歸屬於母公司的部分。關於非控制權益的進一步說明詳見 3-4。

# 綜合損益表》觀察獲利情況挖掘高成長股

3-2

　　綜合損益表主要是表達一段期間流量的概念，流量的項目在期末必須結帳歸零，下一期再從零開始重新計算，會計上稱為「虛帳戶」。例如 2018 年一整年下來，筆者的所得是 300 萬元，到了 2019 年 1 月 1 日，所得的金額必須全部歸零重新累積。

　　綜合損益表的項目包含收入、成本、費用、利益、損失等，顯示的是公司當期經營績效，能夠呈現公司的獲利能力，從這張表可以看出這家公司在這一段時間到底賺了多少錢。

　　對於投資人來說，綜合損益表的重要性與資產負債表相同，甚至可以說更重要一些。一家公司的股價要上漲，一定要獲利大幅成長，股價才有機會上漲。

　　而投資人可以從綜合損益表中的營業毛利（毛損）、本期淨利（淨損）等會計項目看出一家公司的獲利情況，進而找出高度成長的公司。因此，從投資股票的

| 表1 | 相對於資產負債表，綜合損益表為積極攻擊型報表 |
|---|---|

—— 資產負債表vs.綜合損益表

| | 資產負債表 | 綜合損益表 |
|---|---|---|
| 傳達概念 | 財務結構 | 獲利能力 |
| 類型 | 存量，一個時點 | 流量，一段期間 |
| 會計項目帳戶 | 實帳戶 | 虛帳戶 |
| 表達期間 | 累積經營成果 | 當期經營績效 |
| 項目 | 資產、負債、權益 | 收入、成本、費用、利益、損失 |
| 型態 | 消極防禦型 | 積極攻擊型 |

角度來看，綜合損益表為積極攻擊型報表（詳見表1）。

## 綜合損益表的12個關鍵會計項目

下面就來介紹綜合損益表的重要會計項目：

**營業收入》最易虛增的財務指標**

營業收入指公司銷售貨物、供應勞務及金融保險服務等，藉由正常營運活動的收入，通常是愈高愈好。

若公司要舞弊，要「窗飾」財務報表（指公司在編製財務報表時，運用符合會

計作帳原則的方式來掩蓋不利的事實,以達到美化報表的目的),最簡單的方式就是虛增營收。因此,在觀察公司營收時,應該要注意公司銷售的客戶是誰?營收的變動是否合理?產業的景氣為何?同業的營收如何變動?適度的懷疑,是發現財報是否造假的其中一個方式。

### 營業成本》留意是否包含存貨跌價損失或價值回升利益

營業成本指公司銷售貨物、提供勞務及金融保險業務等所產生的各項成本,通常是愈低愈好。投資人須注意營業成本中是否包含存貨跌價損失或存貨價值回升利益(詳見 3-1)。

### 營業毛利／毛損》代表公司核心競爭力

將營業收入扣除營業成本等於營業毛利(毛損)。營業毛利是公司正常營運活動(主要是銷售產品)所獲得的利潤,代表公司的核心競爭力,通常是愈高愈好。一家公司要讓營業毛利變高,方法有兩種:

1. **增加營業收入**:公司可利用產品差異化策略來增加營業收入。例如蘋果(Apple)手機賣的價格高於其他品牌的手機,因為在消費者的心中,蘋果手機跟其他品牌的手機不一樣,功能比較多、規格比較高,所以消費者願意用更高的價格來購買蘋果手機。由於蘋果手機的單價較高,蘋果公司整體的營業收入就會比較高,進而使得營業毛利增加。

**2. 降低營業成本**：公司可利用成本領導策略來降低營業成本，做法是透過不斷壓低成本來創造獲利，一般代工廠多是採用此種策略。例如台灣的代工廠覺得台灣的工資太高了，於是將工廠移往中國沿海地區。後來中國沿海地區的工資也上漲了，只好再把工廠移往中國更內地或者是東南亞等地。這些公司靠的是不斷地壓低成本來創造獲利。

因此對於公司來說，不論是利用產品差異化策略來增加營業收入，或者是利用成本領導策略壓低營業成本，都有辦法提高營業毛利。

## 營業費用》與產品或商品無關的費用支出

營業費用指公司發生與營業有關的費用，但非屬於產品（或商品）的部分，例如辦公室的租金費用、會計人員的薪資費用，水電費等等，均認列為營業費用。也就是說，公司發生與營業有關的費用，和產品（或商品）有關的部分認列為「營業成本」，跟產品（或商品）無關的部分認列「營業費用」。

有時一項支出是否與產品（或商品）有關，涉及公司管理階層的專業判斷。如果管理階層成功說服會計師，進行成本費用的重分類，例如將營業成本改分類為營業費用，將導致營業毛利上升，但營業利益（損失）不變。這時的營業毛利上升，不代表公司的核心競爭力增加，只是會計的分類改變而已，在分析時，我們應該要進行調整，讓前後期的比較基礎一致。

## 營業利益／損失》代表公司核心競爭力

將營業毛利（毛損）扣除營業費用，可以得到營業利益（損失）。營業利益（損失）的高低一樣代表公司的核心競爭力。

## 營業外收入／營業外支出》與本業無關的收入／支出

如果公司發生火災，造成損失，這項損失要不要認列在財務報表上呢？有一派的學者認為不要，因為這項支出跟營業無關，而且僅發生一次，未來不會再發生。如果把它認列在財務報表上，這樣會誤導財務報表的使用者，以為這項費用在未來的每一年都會重複發生，因此做出錯誤的決策。

另一派學者認為，財報應該要反映公司的真實情況。既然公司發生火災，導致損失，這個是事實，所以應該要把它認列在財務報表上，讓財務報表的使用者知道。由於這兩派的學者都有道理，所以現在的綜合損益表不是將所有的收入減掉支出得到獲利，而是分成很多的項目，並單獨認列營業外收入與營業外支出。

因此，營業外收入與營業外支出，主要是認列與本業無關的事項，或是久久發生一次，不會重複發生的項目。

## 稅前淨利／淨損》公司繳稅前的獲利或損失金額

將營業利益（損失），加上營業外收入，減去營業外支出以後，可以得到稅前

淨利（淨損）。

## 所得稅費用／利益》投資新手可直接參考公司公布的所得稅費用

由於存在免稅所得、減稅事項、虧損扣抵、財稅差異之遞延事項，或是交際費超過上限被剔除等財稅差異，故所得稅費用（利益）的計算方式並非將稅前淨利（淨損）直接乘以所得稅稅率，而是一套非常複雜且繁瑣的工程。因此，初學者可直接參考公司公布的所得稅費用即可，無須深究其中原理。

## 本期淨利／淨損》扣除所得稅後的公司獲利

將稅前淨利（淨損）扣除所得稅費用（利益）以後，可以得到本期淨利（淨損），俗稱「稅後淨利」。

## 本期其他綜合損益》有價證券的未實現損益、匯兌損益等

如果公司在年初以 100 元的價格買進債券，打算持有 3 年，到了期末的時候，債券價格上漲為 102 元，這上漲的 2 元到底要不要認列在財務報表上呢？有一派的學者認為，應該要認列，因為債券的價格已經上漲了，我們要反映這個事實；另一派的學者認為，既然這個債券還沒有賣，獲利還沒有實現，所以不可以認列。

由於兩派學者的意見僵持不下，故台灣在 2013 年採用《國際財務報導準則公報（IFRSs）》編製報表後，就規定將這類的未實現損益列入本期其他綜合損益（稅

後淨額），茲列舉如下：

1. **透過其他綜合損益按公允價值衡量之金融資產未實現損益**：指長期投資有價證券，因為股票或債券價格的變動，所產生的未實現損益。

2. **現金流量避險中屬有效避險部分之避險工具利益（損失）**：指使用衍生性金融商品如期貨選擇權進行現金流量避險，該衍生性金融商品價格變動所產生的未實現損益。

3. **國外營運機構財務報表換算之兌換差額**：指公司在海外設立子公司，而子公司是以外幣計價，因為匯率的變動，造成母公司投資子公司帳面金額的差異數。

4. **確定福利計畫之再衡量數**：指公司採用舊制的退休金制度，發生精算差異或實際投資績效和預期投資績效的差異。

5. **不動產重估增值**：指公司辦理不動產重估價，不動產價格上漲的部分。

**本期綜合損益總額》本期淨利加上本期其他綜合損益**

　　將本期淨利（淨損）加上本期其他綜合損益（稅後淨額），即可得到本期綜合損益總額。

## 基本每股盈餘》代表每股能享有多少公司獲利

英文為 Earnings Per Share，簡稱 EPS，算法為「本期淨利（淨損）除以公司流通在外股數」，代表只持有 1 股時，能享受公司多少的獲利。計算基本每股盈餘的分子為本期淨利（淨損），本期其他綜合損益（稅後淨額）的金額不會影響基本每股盈餘的數字。基本每股盈餘的計算方式詳見 4-3。

此外，通常金融業會有比較大的資產比重投資有價證券，而長期持有的有價證券所產生的未實現損益，認列項目為本期其他綜合損益（稅後淨額），不會展現在本期淨利（淨損）上，因而不會改變基本每股盈餘的數字。因此，金融股不適合用單年度的本益比評估合理股價。

# 3-3 現金流量表 》評估財務彈性 確認獲利是否入袋

現金流量表是用來報導公司現金流量變動的資訊，可分為 3 類，分別為營業活動、投資活動和籌資活動。營業活動包含跟公司本業經營有關的項目；投資活動涉及公司資金的用途，主要項目為固定資產和無形資產；籌資活動涉及公司資金的來源，主要項目為長期負債和股東權益。

現金流量表是採用「現金基礎」，但是公司的綜合損益表與資產負債表卻是採用「應計基礎」作為收入與支出的認列標準，會計上是以該項目發生時入帳，而非收付現金時入帳。由於 3 張報表採用的基礎不同，使得公司的獲利與現金流量有差異。

舉例來說，公司在接到客戶訂單以後，會開始製造產品（或商品），產品（或商品）製造完成後先存放在倉庫，之後再將產品（或商品）由公司的倉庫運到客戶的倉庫，並給客戶賒帳，過一段期間才向客戶收款。

依《國際財務報導準則公報（IFRSs）》第15號公報「客戶合約之收入」的規定，公司於交貨時認列收入，但此時尚未收到現金，因此不會計入營業活動的現金流入，但會計入損益表的營業收入與本期淨利。由於認列收入與收到現金有時間差，因此須從現金流量表得知差異為何。

投資人可以從現金流量表發現營業活動的損益和現金流量發生差異的原因，藉以評估公司的流動性、財務彈性、獲利能力，以及預測未來的現金流量。因此，投資人在分析現金流量表時須特別注意：

## 注意1》營業活動的現金流量是正值還是負值？

營業活動的現金流量可用來觀察本業的經營是否產生現金流入公司。原則上，營業活動的現金流量為正，比較是值得投資的公司。

## 注意2》投資活動的現金流量是正值還是負值？

投資活動的現金流量可用來觀察企業是在擴張或在縮編。如果市場的景氣轉為衰退，而公司投資活動的現金流量為負值，這表示公司在景氣衰退時進行資本資出，會導致公司的經營風險增加，為負面訊號。

由於籌資活動的現金流量與股價變動的關係較小，投資人可略過不看。

# 3-4 留意2大會計項目精準判讀公司財務狀況

3-1 ～ 3-3 介紹的會計項目，有些屬於高等會計學的概念，像是非控制權益及非控制權益淨利的計算等；有些是投資人應特別留意的項目，像是金融負債與營業活動負債等。一般人對這些東西較為陌生，因此在這裡簡單介紹，以利投資人做出正確判斷。

## 留意1》非控制權益為子公司不歸屬母公司的權益

3-1 有提到，非控制權益以前稱為「少數股權」，是指子公司的權益中，非直接或間接歸屬於母公司的部分。非控制權益當年度享有的獲利，稱為「非控制權益（淨利／損）」。舉例說明如下：

A 公司為母公司，轉投資子公司（B 公司）80% 的股權。B 公司當年度的稅後淨利，也就是本期淨利（淨損）為 80 元（詳見表 1），母公司依持股比率80%，認列投資收益 64 元（80×80%）。故 A 公司不含投資收益的本期淨利（淨

表1 **扣除子公司的非控制權益淨利，為母公司的本期淨利**
──母子公司合併綜合損益表各項財務數字

| | 母公司（A公司） | 子公司（B公司） | 母子公司合併綜合損益表 |
|---|---|---|---|
| 營業收入 | 600 | 300 | 900 |
| 營業成本 | 400 | 140 | 540 |
| 營業毛利（毛損） | 200 | 160 | 360 |
| 營業費用 | 70 | 60 | 130 |
| 營業利益（損失） | 130 | 100 | 230 |
| 所得稅費用（利益） | 26 | 20 | 46 |
| 本期淨利（淨損）（不含投資收益） | 104 | 80 | 184 |
| 投資收益 | 64 | － | － |
| 本期淨利（淨損） | 168 | 80 | 184 |
| 非控制權益淨利 | － | － | 16 |
| 本期損益總額歸屬於母公司業主 | － | － | 168 |

註：單位皆為元

損）為 104 元，加計投資收益 64 元後，本期淨利（淨損）為 168 元。

　　雖然母公司（A 公司）僅持有子公司（B 公司）80% 的股權，但是在編製母子公司合併綜合損益表時，仍須計入母公司所有的營收 600 元，以及子公司所有的營收 300 元，總共揭露 900 元的營收，而子公司其餘的成本與費用，亦須全數計入。

　　但因 A 公司僅持有 B 公司 80% 的股權,故在編製母子公司合併綜合損益表時,必須扣除屬於 B 公司獲利的剩餘 20% 非控制權益淨利。因此,合併公司的本期淨利共 184 元,扣除非控制權益淨利 16 元(80×20%)後,本期損益總額歸屬於母公司業主為 168 元,會等於 A 公司的本期淨利 168 元。

## 留意2》金融負債恐增加公司財務風險

　　投資人在觀察公司的財務報表時,除了需要留意非控制權益以外,還須留意負債的組成項目。一般來說,一家公司的負債項目大致可分為下列兩種:

　　**1. 金融負債**:金融負債指需要支付利息的負債,如短期銀行借款、長期銀行借款、應付公司債等。

　　**2. 營業活動負債**:營業活動負債指因一般營業活動而產生的負債,如應付帳款、應付票據、應付費用、應付所得稅款、預收收入等,通常不需要支付利息,不會對公司造成財務負擔。

　　由於金融負債需要支付利息,會對公司造成財務負擔,為較差的資金來源。但營業活動負債就不一樣了,此種負債上升,通常是因為:1. 公司業績成長、營業收入增加,此為良好的現象;2. 公司的議價能力變強,上游供應商同意讓客戶賒

## 表2 營業活動負債增加，代表業績成長、議價能力增強
——金融負債vs.營業活動負債

| | 金融負債 | 營業活動負債 |
|---|---|---|
| 會計項目 | 短期借款、長期借款、應付公司債等 | 應付帳款、應付票據、應付費用、應付所得稅款、預收收入等 |
| 是否須支付利息？ | 須支付 | 無須支付 |
| 指標解讀 | 金融負債增加會使公司財務風險上升，是不好現象 | 營業活動負債增加代表公司業績成長、議價能力變強，是良好現象 |

帳的期限變長，應付帳款可以掛在帳上，不用立即以現金支付。不管營業活動負債上升是因為上述何種原因，都對公司的財務狀況有正面貢獻。

因此，在評估公司的負債是否過高時，應考量此負債為金融負債或是營業活動負債。營業活動負債並不會使公司財務惡化，金融負債才是增加公司財務風險的元凶（詳見表2）。

舉例來說，營建業銷售預售屋向客戶收取定金，營建公司收到的定金為預收收入，在資產負債表上列為合約負債。當預售屋賣得愈好，合約負債的金額就愈高，隨著建案逐漸完工，預收款的比率增加，合約負債的金額也就愈來愈高。營建業的合約負債金額愈高，代表之後完工交屋之後，會有大筆的營收入帳，並且帶來獲利。

　　因此，營建業的負債比率很高，不一定是壞事，必須要檢視負債的種類，到底是金融負債，還是營業活動負債？如果是合約負債，代表預售屋銷售的情況，反而是愈高愈好。切記，在觀察公司的財務結構時，不要僅以負債比率（詳見 4-2）來衡量，而是應該將負債分為金融負債及營業活動負債。

　　有關財務報表各項目之間的關係，各項財務比率對投資決策的影響，請詳見第 4 章的說明。

第4章

# 判讀財務指標
# 挖掘潛力股

# 4-1 流動性指標》短期償債能力就看流動比率、速動比率

　　筆者認為，投資人進行財務報表分析的主要目的，是為了計算出股票的目標價，然後再將目標價與目前市場上的股票市價做比較，判斷目前股價是太高還是太低，該進場或出場，作為投資決策的參考。

　　而要計算出股票的目標價，除了必須進行「量」的分析，例如觀察財務報表的數字等，也要進行「質」的分析，例如產業競爭力、經營者的管理能力等等。「量」的分析可以透過流動性指標、財務結構指標、獲利能力指標、效率指標、評價指標等來評估。「質」的分析無特別公式，需透過個案探討。

　　4-1 ～ 4-5 先以晶圓代工龍頭台積電（2330）2017 年的合併財報（詳見表 1、表 2）做「量」的分析，「質」的分析則於後續案例中做介紹（詳見 4-6 ～ 4-8）。

　　接下來，4-1 將先介紹「流動性指標」，流動性指標又稱作「短期償債指標」，包含流動比率及速動比率，指公司在短期內將資產變賣換成現金，以償還流動負

債的能力。分別說明如下：

## 流動比率》若小於 100%，有周轉不靈的風險

流動比率是用來評估每 1 元流動負債有多少流動資產保障，可以衡量公司的短期償債能力，公式如下：

$$流動比率（\%）＝流動資產 ÷ 流動負債 ×100\%$$

以台積電（2330）為例，2017 年年底的流動資產為 8,572 億 311 萬元，流動負債為 3,587 億 668 萬元，可以算出流動比率約為 239%（8,572 億 311 萬 ÷3,587 億 668 萬 ×100%）。

一般來說，流動比率至少要大於 100%，若能大於 200% 更好。算出來的數值愈高，代表公司短期償債能力愈好；若數值小於 100%，代表公司有周轉不靈的風險。台積電的流動比率大於 200%，表示台積電的短期資金充足，風險低。

但流動比率並非愈高愈好，若數值過高，代表資金運用過於保守，將降低企業的獲利能力，例如網通設備廠普萊德（6263），2017 年流動比率為 584.8%，經營缺乏效率，市場願意給予的本益比約 10 倍，詳見 6-3 案例分析。

表1 **從資產負債表檢視公司流動資產、速動資產**

| 項目 | 2017.12.31 金額（千元） | 2017.12.31 占比（%） | 2016.12.31 金額（千元） | 2016.12.31 占比（%） |
|---|---|---|---|---|
| 現金及約當現金 | 553,391,696 | 27.78 | 541,253,833 | 28.69 |
| 備供出售金融資產-流動淨額 | 93,374,153 | 4.69 | 67,788,767 | 3.59 |
| 應收帳款淨額 | 121,133,248 | 6.08 | 128,335,271 | 6.80 |
| 存貨 | 73,880,747 | 3.71 | 48,682,233 | 2.58 |
| 其他流動資產 | 15,423,266 | 0.77 | 31,669,022 | 1.68 |
| 流動資產合計 | 857,203,110 | 43.03 | 817,729,126 | 43.34 |
| 不動產、廠房及設備 | 1,062,542,322 | 53.34 | 997,777,687 | 52.89 |
| 無形資產 | 14,175,140 | 0.71 | 14,614,846 | 0.77 |
| 其他非流動資產 | 57,941,071 | 2.92 | 56,333,643 | 3.00 |
| 非流動資產合計 | 1,134,658,533 | 56.97 | 1,068,726,176 | 56.66 |
| 資產總計 | 1,991,861,643 | 100.00 | 1,886,455,302 | 100.00 |
| 短期借款 | 63,766,850 | 3.20 | 57,958,200 | 3.07 |
| 應付帳款 | 28,412,807 | 1.43 | 26,062,351 | 1.38 |
| 其他應付款 | 93,397,780 | 4.69 | 99,730,337 | 5.29 |
| 本期所得稅負債 | 33,479,311 | 1.68 | 40,306,054 | 2.14 |
| 其他流動負債 | 139,649,932 | 7.00 | 94,182,331 | 4.98 |
| 流動負債合計 | 358,706,680 | 18.00 | 318,239,273 | 16.86 |
| 應付公司債 | 91,800,000 | 4.61 | 153,093,557 | 8.12 |
| 其他非流動負債 | 18,595,320 | 0.93 | 25,071,346 | 1.33 |
| 非流動負債合計 | 110,395,320 | 5.54 | 178,164,903 | 9.45 |
| 負債總計 | 469,102,000 | 23.54 | 496,404,176 | 26.31 |

──台積電（2330）合併資產負債表

| 項目 | 2017.12.31 | | 2016.12.31 | |
|---|---|---|---|---|
| | 金額（千元） | 占比（％） | 金額（千元） | 占比（％） |
| 普通股股本 | 259,303,805 | 13.02 | 259,303,805 | 13.75 |
| 資本公積 | 56,309,536 | 2.83 | 56,272,304 | 2.98 |
| 保留盈餘 | 1,233,362,010 | 61.92 | 1,072,008,169 | 56.83 |
| 其他權益 | -26,917,818 | -1.35 | 1,663,983 | 0.09 |
| 歸屬於母公司業主之權益合計 | 1,522,057,533 | 76.42 | 1,389,248,261 | 73.65 |
| 非控制權益 | 702,110 | 0.04 | 802,865 | 0.04 |
| 權益總計 | 1,522,759,643 | 76.46 | 1,390,051,126 | 73.69 |
| 負債及權益總計 | 1,991,861,643 | 100.00 | 1,886,455,302 | 100.00 |

資料來源：公開資訊觀測站

## 速動比率》若數值太高，資金運用恐過於保守

若想衡量短期償債能力，可將「存貨」及其他流動資產項下的「預付費用」剔除，改用速動資產（指現金及約當現金、短期投資和應收款項）計算，公式如下：

速動比率（％）

＝速動資產 ÷ 流動負債 ×100%

＝（現金及約當現金＋短期投資＋應收款項）÷ 流動負債 ×100%

＝（流動資產－存貨－預付費用）÷ 流動負債 ×100%

表2 **從綜合損益表檢視公司營收、獲利表現**
——台積電（2330）合併綜合損益表

| 項目 | 2017年度 | | 2016年度 | |
|---|---|---|---|---|
| | 金額（千元） | 占比（%） | 金額（千元） | 占比（%） |
| 營業收入合計 | 977,447,241 | 100.00 | 947,938,344 | 100.00 |
| 營業成本合計 | 482,620,839 | 49.38 | 473,106,246 | 49.91 |
| 營業毛利 | 494,826,402 | 50.62 | 474,832,098 | 50.09 |
| 營業費用合計 | 109,267,179 | 11.18 | 96,874,320 | 10.22 |
| 營業利益 | 385,559,223 | 39.44 | 377,957,778 | 39.87 |
| 營業外收入及支出 | 10,573,807 | 1.08 | 8,001,602 | 0.84 |
| 稅前淨利 | 396,133,030 | 40.52 | 385,959,380 | 40.72 |
| 所得稅費用 | 52,986,182 | 5.42 | 51,621,144 | 5.45 |
| 本期淨利 | 343,146,848 | 35.10 | 334,338,236 | 35.27 |
| 其他綜合損益 | -28,821,631 | -2.95 | -11,067,189 | -1.17 |
| 本期綜合損益 | 314,325,217 | 32.15 | 323,271,047 | 34.10 |
| 母公司業主淨利 | 343,111,476 | 35.10 | 334,247,180 | 35.26 |
| 非控制權益淨利 | 35,372 | 0 | 91,056 | 0.01 |
| 基本每股盈餘（元） | 13.23 | － | 12.89 | － |

資料來源：公開資訊觀測站

　　以台積電為例，2017年年底的現金及約當現金為5,533億9,169萬元，短期投資為933億7,415萬元，應收款項為1,211億3,324萬元，可以算出速動資產為7,678億9,908萬元（5,533億9,169萬＋933億7,415萬＋1,211億3,324萬）。又台積電的流動負債為3,587億668萬元，可以算出速動比率

為 214%（7,678 億 9,908 萬 ÷3,587 億 668 萬 ×100%）。

　　一般來説，速動比率大於 100% 為佳。台積電的速動比率為 214%，表示台積電的短期資金充足，風險低。與流動比率一樣，速動比率並非愈高愈好，若數值過高，代表資金運用過於保守，將降低企業的獲利能力，例如網通設備廠普萊德，2017 年速動比率為 495.88%，代表經營缺乏效率。

　　在這裡補充説明一下，速動比率英文的名稱為「acid test」，因此有許多中文教科書翻譯成「酸性測試」，因為英文字典中，acid 的解釋就是「酸性的」意思。但仔細研究，acid 還有另一個「嚴格的」意思。這裡的 acid test，指的是嚴格的測試，必須將存貨及預付費用等變現能力較差的項目予以排除。翻譯成「酸性測試」是詞不達意，徒增學習上的困擾。建議翻譯成「速動比率」，表示快速變現的比率，讀者較能領會其意涵。

# 財務指標》權益乘數過高將導致破產風險上升

4-2

財務結構指公司資產的資金來源結構，若公司財務結構多來自自有資金，表示倒閉風險較低，適合長期持有。

一般來說，公司的資金來源可分為兩種：公司向他人借來的錢（流動負債及長期負債），與股東自己的出資（權益）。其中流動負債為短期的資金來源，長期負債與權益為長期的資金來源。

從穩定性的角度來看，權益為較安定的資金來源，但其資金成本較高；短期負債為最便宜的資金來源，但是穩定性較差，1 年以內就必須以現金償還。投資人可以透過負債比率及權益乘數來判斷公司的財務結構，分別說明如下：

## 負債比率》介於 30% ～ 50%，有助提升獲利

「負債比率」是用來評估公司的資產中，有多少比率是使用債權人的資金，公

式如下：

**負債比率（％）＝負債總額 ÷ 資產總額 ×100%**

以台積電（2330）為例，2017 年年底的負債總額為 4,691 億 200 萬元，資產總額為 1 兆 9,918 億 6,164 萬元，可以算出負債比率為 24%（4,691 億 200 萬 ÷1 兆 9,918 億 6,164 萬 ×100%）。

一般來說，負債比率介於 30% 到 50% 為佳。台積電的負債比率為 24%，表示台積電的財務操作比較保守。適當地增加負債比率，除了可以享受稅盾效果的好處外，財務槓桿比率增加，也可以提升股東權益報酬率。

由於借錢支付的利息費用會列為綜合損益表上的財務費用，將使稅前淨利金額下降，進一步減少所得稅費用，具有稅盾效果，故適當的舉債，可以幫助企業增加獲利。但舉債過多，破產成本（風險）上升，債權人會要求較高的利息費用，反而對企業造成財務壓力。

至於最適的資本結構，因企業而異，沒有一定的標準。如果是獲利和現金流入每年都很穩定的企業，可以容許比較高的負債比率，例如誠品生活（2926），2018 年第 3 季的負債比率雖高達 68%，但公司每年的獲利和現金流入穩定，市

場仍願意給予 17 倍的本益比；反之，獲利波動較大的電子業，過高的負債比率
將大幅增加企業的財務風險，例如半導體通路商至上（8112），2018 年第 3 季
的負債比率高達 78%，財務風險高，市場僅給予 7 倍的本益比。

## 權益乘數》若大於 200%，公司財務壓力過高

權益乘數又稱為「財務槓桿比率」，是用來評估公司向外舉債的倍數。權益乘
數愈大，表示公司負債程度愈高。公式如下：

**權益乘數（%）＝資產總額 ÷ 權益總額 ×100%**

以台積電為例，2017 年年底資產總額為 1 兆 9,918 億 6,164 萬元，權益總
額為 1 兆 5,227 億 5,964 萬元，財務槓桿比率為 131%（1 兆 9,918 億 6,164
萬 ÷1 兆 5,227 億 5,964 萬 ×100%）。

一般來説，權益乘數在 200% 以內是合理的，過高的權益乘數會對企業造成財
務壓力，導致破產風險上升。台積電的權益乘數為 131%，表示公司財務槓桿比
率不高。

# 獲利指標》與競爭者做比較更能掌握股價走勢

4-3

獲利能力指標與股價漲跌的相關程度最高,是相當重要的財務指標。投資人可以透過毛利率、營業利益率、本期淨利率、基本每股盈餘(EPS)、資產報酬率(ROA)和股東權益報酬率(ROE)等指標來判斷公司的獲利是否良好,最好是能與同業競爭者做比較,分別說明如下:

## 毛利率》品牌廠商與技術密集產業的毛利率較高

毛利率是用來評估公司每賣出1元的商品,可以賺取多少毛利。公式如下:

**毛利率(%)=營業毛利 ÷ 營業收入 ×100%**

以台積電(2330)為例,2017年的營業毛利為4,948億2,640萬元,營業收入為9,774億4,724萬元,可以算出毛利率為51%(4,948億2,640萬÷9,774億4,724萬×100%)。

　　毛利率是企業的核心競爭力，原則上是愈高愈好。一般來說，品牌廠商與技術密集產業的毛利率較高，而勞力密集產業的毛利率較低。例如台積電因為具有領先全球的關鍵技術，故毛利率高於其他晶圓代工廠，而台積電的競爭對手聯電（2303），2017 年的毛利率僅 18%，比台積電少了 33 個百分點。

　　然而投資人須注意，由於存貨跌價損失或存貨價值回升利益會影響營業成本，進而影響毛利率（詳見 3-1）。因此，在計算毛利率時，應該將這兩者的影響予以排除。

　　此外，一家公司販售的商品，通常毛利率會不一致，有的商品毛利率較高，有的商品毛利率較低。我們在做投資決策時，應該考量公司未來銷售的商品產品組合如何？是致力銷售毛利率較高的商品？還是用毛利率較低的商品衝高營收？原則上，企業致力銷售毛利率較高的商品，長期而言較能穩定獲利。

## 營業利益率》代表企業核心競爭力，愈高愈好

　　營業利益率是用來評估公司每賣出 1 元的商品，可以從本業中賺取多少營業利益。公式如下：

營業利益率（%）＝營業利益 ÷ 營業收入 ×100%

　　以台積電為例，2017 年的營業利益為 3,855 億 5,922 萬元，營業收入為 9,774 億 4,724 萬元，可以算出營業利益率為 39%（3,855 億 5,922 萬÷9,774 億 4,724 萬 ×100%）。

　　從營業利益率也可以看出企業的核心競爭力，原則上，營業利益率愈高愈好。像台積電的營業利益率為 39%，高於聯電的 4.4%，表示台積電的競爭能力高於聯電。

## 本期淨利率》每賣出 1 元商品賺的本期淨利，愈高愈好

　　本期淨利率代表每賣出 1 元的商品，可以賺取多少的本期淨利。公式如下：

**本期淨利率（%）＝本期淨利 ÷ 營業收入 ×100%**

　　以台積電為例，2017 年的本期淨利為 3,431 億 4,684 萬元，營業收入為 9,774 億 4,724 萬元，可以算出本期淨利率為 35%（3,431 億 4,684 萬÷9,774 億 4,724 萬 ×100%）。

　　原則上，本期淨利率愈高愈好。台積電的本期淨利率為 35%，高於聯電的 4.4%，表示台積電的獲利能力高於聯電。

## 基本每股盈餘》股東每持有 1 股享有的盈餘，愈高愈好

基本每股盈餘（EPS）是用來評估每持有 1 股股票可分享多少盈餘。公式如下：

**基本每股盈餘（元）＝歸屬於母公司業主淨利 ÷ 加權平均流通在外股數**

以台積電為例，2017 年歸屬於母公司業主淨利為 3,431 億 1,147 萬元，加權平均流通在外股數為 259 億 3,038 萬股，EPS 為 13.23 元（3,431 億 1,147 萬 ÷259 億 3,038 萬）。

原則上，基本每股盈餘愈高愈好。台積電的 EPS 為 13.23 元，高於聯電的 0.8 元，表示台積電的獲利能力高於聯電。

## 資產報酬率》1 元資產賺得的本期淨利，愈高愈好

資產報酬率指企業使用 1 元的資產，可以賺取多少的本期淨利。公式如下：

資產報酬率（％）
＝本期淨利 ÷ 平均資產 ×100％
＝本期淨利 ÷〔（期末資產＋期初資產）÷2〕×100％

以台積電為例，2017 年本期淨利為 3,431 億 4,684 萬元，2017 年年底資產為 1 兆 9,918 億 6,164 萬元，2017 年年初資產為 1 兆 8,864 億 5,530 萬元，平均資產為 1 兆 9,391 億 5,847 萬元（（1 兆 9,918 億 6,164 萬＋1 兆 8,864 億 5,530 萬）÷2），可以算出資產報酬率為 18%（3,431 億 4,684 萬÷1 兆 9,391 億 5,847 萬×100%）。

原則上，資產報酬率愈高愈好。台積電的資產報酬率為18%，高於聯電的1.7%，表示台積電的獲利能力高於聯電。

## 股東權益報酬率》1 元權益賺得的本期淨利，愈高愈好

股東權益報酬率（ROE）指企業每使用 1 元的權益，可以賺取多少本期淨利。公式如下：

股東權益報酬率（%）
＝本期淨利 ÷ 平均股東權益 ×100%
＝本期淨利 ÷〔（期末股東權益＋期初股東權益 ÷2）〕×100%

以台積電為例，2017 年本期淨利為 3,431 億 4,684 萬元，2017 年年底股東權益為 1 兆 5,227 億 5,964 萬元，2017 年年初股東權益為 1 兆 3,900 億

5,112 萬元，平均股東權益為 1 兆 4,564 億 538 萬元（（1 兆 5,227 億 5,964 萬＋1 兆 3,900 億 5,112 萬）÷2），可以算出股東權益報酬率為 23.6%（3,431 億 4,684 萬 ÷1 兆 4,564 億 538 萬 ×100%）。

原則上，股東權益報酬率愈高愈好。台積電的股東權益報酬率為 23.6%，高於聯電的 3.1%，表示台積電的獲利能力高於聯電。

## 杜邦分析》拆解股東權益報酬率，揪出公司經營問題

杜邦分析（DuPont Analysis）是將股東權益報酬率拆成淨利率、資產周轉率（詳見 4-4）與權益乘數 3 個項目，藉此判斷公司的股東權益報酬率是受到何種因素影響，進而找出企業經營的問題，對症下藥，以提升股東權益報酬率。由於這種分析方法最早是由美國杜邦公司（DuPont）所使用，故名杜邦分析。公式推導過程如下：

股東權益報酬率（%）

＝本期淨利 ÷ 權益總額 ×100%

＝（本期淨利 ÷ 營業收入 ×100%）×（營業收入 ÷ 資產總額 ×100%）×

（資產總額 ÷ 權益總額 ×100%）

＝淨利率 × 資產周轉率 × 權益乘數

　　以台積電為例，2017年本期淨利為3,431億4,684萬元，營業收入為9,774億4,724萬元，資產總額為1兆9,918億6,164萬元，權益總額為1兆5,227億5,964萬元。可以算出淨利率為35%（3,431億4,684萬÷9,774億4,724萬×100%），資產周轉率為0.49次（9,774億4,724萬÷1兆9,918億6,164萬×100%），權益乘數為131%（1兆9,918億6,164萬÷1兆5,227億5,964萬×100%），股東權益報酬率為22.4%（35%×0.49×131%，由於此處會計數字是採萬元以下無條件捨去法計算，且以期末金額計算，故數值會與前文23.6%略有出入）。

　　一般而言，若公司ROE的上升是來自淨利率或資產周轉率的上升，表示公司獲利好、效率高，是件好事，但若ROE的上升是來自權益乘數的話，表示公司槓桿程度大、財務風險高，投資人應留意。杜邦分析的進一步說明請參考4-8。

# 4-4 效率指標》利用周轉率了解公司經營能力

　　財務比率的效率指標，主要就是「周轉率」的概念。究竟周轉率是什麼意思呢？光從字面上或許很難理解，但其實周轉率和餐廳翻桌率的概念很類似，下面先來看一個例子。

　　有一家餐廳，從晚上 6 點營業到晚上 9 點，共營業 3 個小時。某天晚上，這家餐廳共有 6 個家庭輪流在一號桌用餐，每個家庭平均消費 400 元，當天一號桌共收入 2,400 元。如果派一個人站在旁邊觀察，可以發現當天晚上一號桌共有 6 個家庭輪流用餐，代表翻桌率是 6 次，且平均每個家庭的用餐時間是 0.5 小時（3÷6）。

　　對餐廳來說，翻桌率愈高、每組客人用餐的時間愈短，代表生意愈好，能賺的錢就愈多。可是，我們一定要派一個人站在旁邊，一直盯著用餐的客人看才能算出這些數據嗎？有沒有辦法從會計數字來推估翻桌率跟平均用餐時間呢？答案是有的！

每個家庭平均消費 400 元,意謂對每個客戶的應收帳款是 400 元,當天一號桌總收入 2,400 元,意謂一號桌的營業收入是 2,400 元。用一號桌的營業收入 2,400 元,除以每個家庭平均消費 400 元,可以算出一號桌的翻桌率為 6 次(2,400÷400)。再用一個晚上的營業時間 3 小時,除以翻桌率 6 次,可以得出每個家庭平均用餐的時間為 0.5 小時(3÷6)。

從前文可以知道,要計算一家餐廳的翻桌率和平均用餐時間可以派人在旁邊觀察,或者透過會計數字來推算,然而想要了解一家公司的效率如何,派人站在旁邊觀察太不切實際,只能透過會計數字來推算,下面就來一一說明投資人應該注意的效率指標:

## 應收帳款周轉率》愈高,代表呆帳機率愈小

應收帳款周轉率代表 1 年之中,應收帳款收回的次數,公式如下:

應收帳款周轉率(次)
＝營業收入 ÷ 平均應收帳款淨額
＝營業收入 ÷〔(期初應收帳款淨額＋期末應收帳款淨額)÷2〕

以台積電(2330)為例,2017 年營業收入為 9,774 億 4,724 萬元,2016

年年底的應收帳款淨額為 1,283 億 3,527 萬元，2017 年年底的應收帳款淨額
為 1,211 億 3,324 萬元，平均應收帳款淨額為 1,247 億 3,425 萬元（（1,283
億 3,527 萬＋ 1,211 億 3,324 萬）÷2），可以算出應收帳款周轉率為 7.84
次（9,774 億 4,724 萬 ÷1,247 億 3,425 萬）。

應收帳款周轉率愈高，代表收帳愈迅速，公司發生呆帳的可能性愈小。台積電
的應收帳款周轉率為 7.84 次，高於同業競爭對手聯電（2303）的 6.82 次，表
示台積電的經營效率高於聯電。

## 應收帳款平均收帳天數》核對賒帳條件，確認是否如期收款

應收帳款平均收帳天數，代表公司在 1 年（365 天）內收回應收帳款所需的時
間，公式如下：

> 應收帳款平均收帳天數（天）
> ＝ 365 天 ÷（營業收入 ÷ 平均應收帳款）
> ＝ 365 天 ÷ 應收帳款周轉率

以台積電為例，2017 年應收帳款周轉率為 7.84 次，可以算出應收帳款平均
收帳天數為 46.56 天（365÷7.84）。

　　將應收帳款平均收帳天數與提供給客戶的賒帳條件（投資人可以在財報「應收票據及帳款淨額」下方找到相關資料）相比，可以看出企業是否如期向客戶收款。

　　台積電的應收帳款平均收帳天數為 46.56 天，而台積電給予客戶的授信條件為月結 30 天，若 1 日出貨，月底結算 30 天，則實際授信期間長達 60 天。46.56 天小於 60 天，尚屬合理。

## 存貨周轉率》數值愈高，存貨滯銷可能性愈小

　　存貨周轉率代表 1 年之中，存貨賣出的次數，公式如下：

> **存貨周轉率（次）**
> **＝營業成本 ÷ 平均存貨**
> **＝營業成本 ÷〔（期初存貨＋期末存貨）÷2〕**

　　以台積電為例，2017 年的營業成本為 4,826 億 2,083 萬元，2016 年年底的存貨為 486 億 8,223 萬元，2017 年年底的存貨為 738 億 8,074 萬元，平均存貨為 612 億 8,148 萬元（（486 億 8,223 萬 ＋ 738 億 8,074 萬）÷2），可以進一步算出存貨周轉率為 7.88 次（4,826 億 2,083 萬 ÷612 億 8,148 萬）。

如果公司的存貨周轉率過低，代表存貨有呆滯的風險，未來可能必須提列存貨跌價損失。

此外，存貨周轉率過低，可能代表景氣轉差，未來營收有衰退的風險。而存貨周轉率愈高，代表存貨賣得愈好，存貨滯銷可能性愈小。台積電的存貨周轉率為 7.88 次，高於聯電的 6.93 次，表示台積電的經營效率高於聯電。

但存貨周轉率若是過高，可能表示備貨不足，將有缺貨的情形發生。

## 平均銷貨天數》數值愈少，經營愈有效率

平均銷貨天數，代表出售存貨所需的時間，公式如下：

**平均銷貨天數（天）**
**＝ 365 天 ÷（營業成本 ÷ 平均存貨）**
**＝ 365 天 ÷ 存貨周轉率**

以台積電為例，2017 年存貨周轉率為 7.88 次，可以算出平均銷貨天數為 46.32 天（365÷7.88）。一般來説，平均銷貨天數愈少，代表經營愈有效率。台積電的平均銷貨天數為 46.32 天，低於聯電的 52.64 天，表示台積電的經營

效率高於聯電。

## 應付帳款周轉率》數值愈高，交易條件愈差

應付帳款周轉率代表 1 年之中，應付帳款付款的次數，公式如下：

應付帳款周轉率（次）
＝營業成本 ÷ 平均應付帳款
＝營業成本 ÷〔（期初應付帳款淨額＋期末應付帳款淨額）÷2〕

以台積電為例，2017 年營業成本為 4,826 億 2,083 萬元，2017 年年底的
應付帳款淨額為 284 億 1,280 萬元，2016 年年底的應付帳款淨額為 260 億
6,235 萬元，平均應付帳款淨額為 272 億 3,757 萬元（（284 億 1,280 萬＋
260 億 6,235 萬）÷2），可以算出應付帳款周轉率為 17.72 次（4,826 億 2,083
萬 ÷272 億 3,757 萬）。

應付帳款周轉率愈高，代表企業的交易條件愈差，供應商的議價能力愈強。應
付帳款周轉率愈低，則可能意謂非金融負債較高，企業可以利用供應商的資金來
營運。台積電的應付帳款周轉率為 17.72 次，與聯電的 18.26 次相當，表示兩
家公司的議價能力差不多。

## 應付帳款平均付款天數》數值愈大，資金成本愈低

應付帳款平均付款天數，代表應付帳款平均的付款時間，公式如下：

> 應付帳款平均付款天數（天）
> ＝ 365 天 ÷（營業成本 ÷ 平均應付帳款）
> ＝ 365 天 ÷ 應付帳款周轉率

以台積電為例，2017 年應付帳款周轉率為 17.72 次，可以算出應付帳款平均付款天數為 20.6 天（365÷17.72）。

一般來說，應付帳款平均付款天數愈長愈好，付款期間拖得愈久，代表企業需要的營運資金愈少，資金成本愈低。例如鴻海（2317）的規模大、對供應商的議價能力強，應付帳款付款天數高達 90 天；反之，若企業的應付帳款平均付款天數短，顯示企業對供應商的議價能力低。台積電的應付帳款平均付款天數為 20.6 天，與聯電的 20 天相當，表示兩家公司的議價能力差不多。

## 淨營業週期》數值愈小，經營風險愈低

營業週期代表企業用現金購買存貨，並將存貨出售產生應收帳款，再將應收帳

款收回現金所需的時間，公式如下：

> **營業週期（天）**
> ＝平均收帳期間＋平均銷貨期間
> ＝應收帳款平均收帳天數＋平均銷貨天數

由於公司在進貨時可以賒帳，延後付款時間。因此，必須將平均付帳期間扣除，算出來的淨營業週期才是公司營運所承擔資金壓力的確切時間，公式如下：

> **淨營業週期（天）**
> ＝平均收帳期間＋平均銷貨期間－平均付帳期間
> ＝營業週期－應付帳款平均付款天數

以台積電為例，2017 年應收帳款平均收帳天數為 46.56 天，平均銷貨天數為 46.32 天，應付帳款平均付款天數為 20.6 天，可以算出淨營業週期為 72.28 天（46.56 ＋ 46.32-20.6）。

一般來說，淨營業週期愈短愈好，代表企業營運時需要的資金較低，經營成本較低，經營風險也較低。台積電的淨營業週期為 72.28 天，低於聯電的 86.17 天，表示台積電的經營效率高於聯電。

## 資產周轉率》數值愈高，經營效率愈佳

資產周轉率代表 1 年之中，用資產總額賺了幾倍的營收，公式如下：

> 資產周轉率（次）
> ＝營業收入 ÷ 平均資產總額
> ＝營業收入 ÷〔（期末資產總額＋期初資產總額）÷2〕

以台積電為例，2017 年營業收入為 9,774 億 4,724 萬元，2016 年資產總額為 1 兆 8,864 億 5,530 萬元，2017 年資產總額為 1 兆 9,918 億 6,164 萬元，平均資產總額為 1 兆 9,391 億 5,847 萬元（（1 兆 8,864 億 5,530 萬＋1 兆 9,918 億 6,164 萬）÷2），可以算出資產周轉率為 0.5 次（9,774 億 4,724 萬 ÷1 兆 9,391 億 5,847 萬）。

一般來說，資產周轉率愈高愈好，代表經營效率高。台積電的總資產周轉率為 0.5 次，高於聯電的 0.38 次，表示台積電的經營效率高於聯電。

# 4-5 評價指標》衡量股價合理性需看本益比+獲利成長率

挑選標的必須找出股價被低估的好公司。有關流動性指標、財務結構指標、獲利率指標、效率指標，僅是篩選好公司的指標。評價指標則可以幫助投資人，找出股價被低估的公司。

## 每股帳面價值》數值愈高，每股權益金額愈大

每股帳面價值又稱為每股淨值，指股東只持有股票 1 股時，可以分配到公司權益的金額，公式如下：

> 每股帳面價值（元）
> ＝期末股東權益 ÷ 期末公司流通在外股數
> ＝期末股東權益 ÷（普通股股本 ÷ 股票面額）

以台積電（2330）為例，2017 年股東權益為 1 兆 5,227 億 5,964 萬元，

普通股股本為 2,593 億 380 萬元，股票面額為 10 元，期末公司流通在外股數為 259 億 3,038 萬股（2,593 億 380 萬÷10），可以算出每股帳面價值為 58.72 元（1 兆 5,227 億 5,964 萬÷259 億 3,038 萬）。

一般來說，每股帳面價值愈大，表示股票所彰顯的權益金額愈大，對投資人愈有保障。台積電的每股帳面價值為 58.72 元，表示 1 股所彰顯的淨資產為 58.72 元，如果發生金融風暴，導致台積電股價跌破 58.72 元，此時進場，賺錢的機率較高。

## 本益比》數值偏高，往往代表市場評價較高

本益比指投資人願意用幾倍獲利去購買股票，公式如下：

**本益比（倍）＝每股股價 ÷ 基本每股盈餘**

以台積電為例，2017 年 12 月 29 日每股股價為 229.5 元，基本每股盈餘為 13.23 元，可以算出本益比為 17.3 倍（229.5÷13.23）。

一般的教科書或投資的書籍，都建議投資人買進本益比低的股票，但這樣的說法只講對一部分。通常，本益比較高的股票，公司往往具有核心競爭力，所以投

資人願意用較高的價格去購買股票。本益比較低的股票，可能代表公司正在衰退，股票不具有吸引力。台積電的本益比為 17.3 倍，表示市場看好台積電未來的成長性，給予高於同業平均 14 倍到 15 倍的本益比。因此，投資人在進行投資決策時，應該要將本益比與獲利成長率一起考慮，詳見 4-6 的案例分析及 8-5 的現金股利折現模型。

此外，投資報酬率為獲利除以本金，投資股票的獲利接近當年公司的基本每股盈餘，投資股票的成本即為每股股價。因此，將基本每股盈餘除以每股股價，會很接近投資報酬率。而本益比的計算方式為每股股價除以基本每股盈餘，換句話說，本益比為投資報酬率的倒數。

## 現金股利支付率》可用來檢視企業獲利的真實性

回歸投資股票的本質，就是投資人參與企業的經營，分享企業經營的成果。當企業有賺錢，應該要將獲利回饋給股東。從另一個角度來看，當企業有能力發放現金股利給股東，代表企業是真的有賺到現金，才有辦法發放現金股利給股東。也就是說，有能力發放現金股利的公司，獲利真實性的機率比較高，例如網通設備廠普萊德（6263），自 2002 年起每年皆發放現金股利。

反之，若有企業每年賺錢卻從不發放現金股利，可能就要敬而遠之了，例如華

美（6107，已下櫃），2012 年至 2016 年本期淨利皆為正值，但僅有 2016 年曾配發現金股利 0.2 元。

　　剔除不發放現金股利的公司以後，接著可以進一步觀察公司的現金股利支付率。現金股利支付率指企業的獲利中，以現金分配給股東的比率，公式如下：

**現金股利支付率（%）＝每股現金股利 ÷ 基本每股盈餘 ×100%**

　　以台積電為例，2017 年發放的每股現金股利為 8 元，基本每股盈餘為 13.23 元，可以算出現金股利支付率為 60%（8÷13.23×100%）。

　　一般來說，現金股利政策與企業未來的成長率有關（詳見 8-5）。台積電的現金股利支付率為 60%，表示台積電未來仍有資本支出的需求，必須保留部分現金在公司進行再投資。

# 案例1》股票本益比低 投資人該強力買進嗎？

4-6

前面 4-1 ～ 4-5 是以財務報表對公司進行量的分析，下面 4-6 ～ 4-8 將以不同個股案例進行質的分析。2016 年華星光（4979）公布 2015 年的財報後，5 月 9 日的股價收盤價跌到 51 元。若拿華星光 2015 年的基本每股盈餘（EPS）7.36 元推算，本益比為 6.93 倍（51÷7.36）。由於本益比為投資報酬率的倒數，故可推算出投資報酬率為 14.4%（1÷6.93×100%），似乎是不錯的投資標的，請問是否應該強力買進這檔股票呢？

先來看華星光的相關資料。華星光全名為華星光通科技股份有限公司，創立於 2000 年，生產光通訊相關零組件，例如 GPON（超高速被動光纖網路）和 EPON（乙太被動光纖網路）等，主要市場為北美、日本及中國。

2015 年，受惠於中國的光纖到府政策，加上市場對於資訊傳輸的要求提高，光纖通訊零組件的需求大幅成長，市場屢傳缺貨，GPON、EPON 的價格也跟著水漲船高，帶動華星光的毛利率提高，由 2014 年的 17.48% 上升至 2015 年的

24.5%，EPS 亦從 3.26 元上升至 7.36 元。

## 擴產後需求減少，華星光毛利率、EPS 銳減

既然市場缺貨，供不應求，產品售價上升，企業當然要選擇擴廠。無奈好景不常，沒過多久中國的政策風向球大逆轉，市場需求下降。但此時企業擴建的工廠生產線已經完工了，設備已經買了、錢已經花了，即使不生產產品，也是要提列折舊費用。

資本支出的錢已經花下去了，企業有固定成本要攤提，這時只能選擇降價求售，例如華星光將原本售價 100 元的產品，以 95 元出售。然而擴產的並不只有華星光，競爭對手光環（3234）、中國同業也都擴產了，且選擇以更低價與華星光進行削價競爭，導致華星光 2016 年的毛利率慘遭腰斬，只剩 11.29%。

由於這波市場需求減少並非短期現象，而是持續了一段很長的時間，景氣遲遲沒有復甦的跡象，使得華星光 2017 年的毛利率為 -13.66%，EPS 為 -8.05 元（詳見表 1）。

如果能夠未卜先知，知道在 2017 年，華星光基本每股盈餘不僅不會賺 7.36 元，反而會虧 8.05 元的話，投資人還會用 51 元的價格買進嗎？應該是不會吧！

| 表1 | 2017年華星光的毛利率、EPS皆為負值 |
| | ──華星光（4979）毛利率及EPS |

| | 2013年 | 2014年 | 2015年 | 2016年 | 2017年 |
|---|---|---|---|---|---|
| 毛利率（％） | 16.26 | 17.48 | 24.50 | 11.29 | -13.66 |
| EPS（元） | 2.04 | 3.26 | 7.36 | -1.56 | -8.05 |

資料來源：公開資訊觀測站

因為若是在 2016 年 5 月 9 日以每股 51 元的價格進場，則持有至 2017 年 12 月 29 日，以收盤價 35.4 元計算，每張股票虧損約 1 萬 5,600 元；若持有至 2018 年 10 月 29 日，以盤中低點 14.8 元計算，每張股票虧損約 3 萬 6,200 元，資金賠了 7 成左右。

　　這就是本益比的迷思，僅用當年的基本每股盈餘計算本益比，未考量景氣的變化，也沒對未來的獲利進行預估，很容易做出錯誤決策。由此可見，在進行投資決策時，除了本益比外，也要考慮企業獲利的成長性。企業的獲利必須持續不斷成長，股價才有機會持續上漲。

## 觀察每月公布營收，判斷產業景氣狀況

　　因此，我們在進行投資決策時，除了進行財務報表分析以外，也要了解企業所

表2　**2016年4月起，月營收較去年同期連續衰退15個月**
──華星光（4979）月營收

| 月份 | 月營收（億元） | | | |
|---|---|---|---|---|
| | 2015年 | 2016年 | 2017年 | 2018年 |
| 1 | 3.45 | 3.81 | 1.28 | 1.58 |
| 2 | 2.80 | 3.14 | 1.18 | 1.30 |
| 3 | 3.31 | 3.43 | 1.53 | 1.96 |
| 4 | 3.59 | 2.11 | 1.00 | 1.94 |
| 5 | 3.31 | 1.81 | 1.10 | 1.73 |
| 6 | 3.76 | 2.11 | 1.28 | 1.19 |
| 7 | 3.78 | 1.70 | 1.90 | 1.22 |
| 8 | 3.20 | 1.65 | 1.59 | 0.95 |
| 9 | 2.81 | 1.43 | 1.65 | 1.00 |
| 10 | 3.79 | 0.51 | 1.30 | 0.85 |
| 11 | 3.93 | 1.85 | 1.33 | 0.69 |
| 12 | 4.07 | 1.63 | 1.53 | 0.85 |
| 累計 | 41.80 | 25.18 | 16.67 | 15.25 |

註：資料統計時間至 2019.01.10；企業會在每月 10 號前公布上一個月的月營收，例如 2016 年 5 月 10 日之前公布 2016 年 4 月的月營收
資料來源：公開資訊觀測站

屬的產業情況。如果真的對產業不熟悉，也可以從企業的營收來判斷景氣狀況。

　　企業的財務報表是每一季公布一次，不具有時效性。但企業必須在每個月的 10 號以前，公布上個月的營收。如果一家企業的營收，跟去年的同月相比呈現衰退，

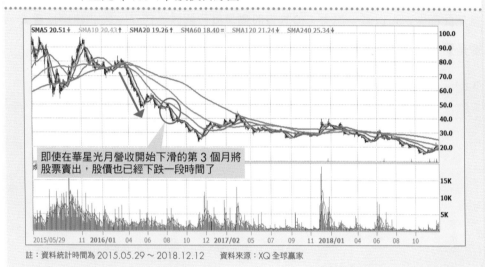

圖1 營收表現不佳，股價也隨之下跌
──華星光（4979）股價日線圖

SMA5 20.51↓ SMA10 20.43↑ SMA20 19.26↑ SMA60 18.40= SMA120 21.24↓ SMA240 25.34↓

即使在華星光月營收開始下滑的第 3 個月將股票賣出，股價也已經下跌一段時間了

2015/05/29　11　2016/01　04　06　08　10　12　2017/02　05　07　09　11　2018/01　04　06　08　10

註：資料統計時間為 2015.05.29 ～ 2018.12.12　　資料來源：XQ 全球贏家

而且連續 3 期下滑，就代表企業的營運在走下坡了。

　　我們觀察華星光公告的每月營收，2016 年 4 月為 2 億 1,100 萬元，和 2015 年 4 月的 3 億 5,900 萬元相比，是衰退的。2016 年 5 月為 1 億 8,100 萬元，和 2015 年 5 月的 3 億 3,100 萬元相比，也是衰退的。華星光從 2016 年 4 月開始，每月營收與去年同期相比，連續衰退 15 個月（詳見表 2）。看到這樣的趨勢，股價會怎麼走，已經非常明顯了（詳見圖 1）。

　　如果投資人在華星光每月營收連續下滑 3 個月時賣出股票，由於 6 月營收在 7 月初才會公布，若以 7 月 11 日收盤價 46.6 元計算，則每張股票虧損 4,400 元。雖然此種做法可以減少損失，但其實股價早就已經跌一段了。因此建議投資人，還是要先進行產業分析，再做投資決策。

# 案例2》營收逐年成長
# 獲利為何沒隨之增加？

4-7

華美（6107，已下櫃）2014 年到 2016 年的營收逐年成長，且 2016 年上半年的基本每股盈餘（EPS）為 3.2 元，獲利還不錯，請問適合進場嗎？

華美 2014 年到 2016 年的年營收逐年成長，2014 年營業收入 65 億元，2015 年 72 億元，2016 年 129 億元，表現相當亮眼（詳見表 1）。

## 疑點1》銷貨集中度過高，75% 存貨賣給單一客戶

民初文學家胡適曾經説過：「做學問要在不疑處有疑。」研究一家公司的財報亦同，投資人應該要懷疑，華美的營收成長，其存貨到底是賣給誰？依據 2016 年年報揭露的資訊，華美有 75% 的存貨是賣給 A 客戶（財報未揭露客戶名稱，但是依據新聞報導，推測是賣給中國普天集團），銷貨集中度高。銷貨集中度高的企業，經營風險也高，因為只要 A 客戶一轉單，華美的營收馬上就會減少 75%，相當嚴重。

**表1** 華美營收大幅增加，但淨利卻沒有跟著成長
——華美（6107，已下櫃）合併綜合損益表

| 項目 | 2014年 | 2015年 | 2016年 |
|---|---|---|---|
| 營業收入 | 6,462,834 | 7,189,057 | 12,878,400 |
| 營業成本 | 5,925,772 | 6,901,190 | 12,371,670 |
| 營業毛利（毛損）淨額 | 537,062 | 287,867 | 506,730 |
| 營業費用 | 286,794 | 186,074 | 170,702 |
| 營業利益（損失） | 250,268 | 101,793 | 336,028 |
| 營業外收入及支出 | 86,944 | 61,242 | -32,304 |
| 稅前淨利（淨損） | 337,212 | 163,035 | 303,724 |
| 所得稅費用（利益） | 85,266 | 5,425 | 67,981 |
| 本期淨利（淨損） | 251,946 | 157,610 | 235,743 |
| 其他綜合損益（淨額） | -945 | 11,126 | 5,741 |
| 本期綜合損益總額 | 251,001 | 168,736 | 241,484 |
| 淨利（淨損）歸屬於母公司業主 | 248,503 | 157,610 | 235,743 |
| 淨利（淨損）歸屬於共同控制下前手權益 | — | — | — |
| 淨利（淨損）歸屬於非控制權益 | 3,443 | 0 | — |
| 基本每股盈餘（元） | 4.21 | 2.14 | 2.96 |

註：除基本每股盈餘外，其餘單位皆為千元　　資料來源：公開資訊觀測站

　　華美的營收成長，也有可能是降價競爭，低價求售，因此投資人應該檢視營收與獲利之間的關係。從表 1 合併綜合損益表可以看到，華美 2014 年到 2016 年的本期淨利（淨損）分別為 2 億 5,194 萬元、1 億 5,761 萬元、2 億 3,574 萬

## 表2 2014年～2016年華美營運活動現金流量皆為負值
——華美（6107，已下櫃）合併現金流量表

| | 2014年 | 2015年 | 2016年 |
|---|---|---|---|
| 營運活動的現金流量 | -620,928 | -540,399 | -625,267 |
| 投資活動的現金流量 | -1,598 | -154,441 | 74,633 |
| 籌資活動的現金流量 | 481,814 | 770,589 | 679,564 |
| 匯率變動累積影響數 | -4,957 | 6,830 | -3,505 |
| 本期現金變動 | -145,669 | 82,579 | 125,425 |
| 期初現金餘額 | 303,240 | 157,571 | 240,150 |
| 期末現金餘額 | 157,571 | 240,150 | 365,575 |

註：單位皆為千元　　資料來源：公開資訊觀測站

元。這時投資人應該會感到納悶，華美的營收大幅成長，但是獲利怎麼沒有成比例增加呢？

接著來看現金流量表，華美2014年到2016年的營運活動現金流量，分別為-6億2,092萬元、-5億4,039萬元、-6億2,526萬元（詳見表2）。奇怪了，華美明明每年賺錢，為什麼營運活動的現金流量是持續流出現金呢？最可能的情況就是：存貨已賣給客戶，但客戶卻沒付錢。

一般來說，企業把存貨賣給客戶，如果客戶不付錢，企業應該停止和大客戶往來。但華美似乎不太在意，持續交貨給大客戶，其中必有蹊蹺。

## 疑點2》應收帳款平均收帳天數為同業 2 倍

再來，觀察合併資產負債表。華美 2016 年應收帳款周轉率為 3.98 次（128
億 7,840 萬 ÷（（23 億 2,937 萬 ＋ 41 億 4,951 萬）÷2）），平均收帳
天數為 92 天（365÷3.98）。與同業宇瞻（8271）、廣穎（4973）、商丞
（8277）、群聯（8299）的應收帳款平均收帳天數 45 天相比，華美的收帳天
數是同業的 2 倍，此時投資人就要提高警覺了。

此外，單就應收帳款的金額來看，華美 2016 年應收帳款為 41 億 4,951 萬元，
占資產總額 50 億 2,557 萬元的 83%（41 億 4,951 萬 ÷50 億 2,557 萬），
相當驚人（詳見表 3）。

## 疑點3》籌資活動現金流高，靠借錢度日

再回到現金流量表，由於華美的應收帳款掛在帳上，沒收到錢，營運活動的現
金持續流出，為了讓公司正常運轉，華美只好對外借錢。2014 年到 2016 年，
華美籌資活動現金流量分別為 4 億 8,181 萬元、7 億 7,058 萬元、6 億 7,956
萬元。華美的應收帳款收不回來，導致營運活動的現金流量持續流出，只好借錢
度日，這樣的經營方式是非常危險的。而且筆者甚至懷疑，華美的財報造假，這
個大客戶根本就是自己人。

| 表3 2016年華美應收帳款高達資產總額的83% | | | |
|---|---|---|---|

── 華美（6107，已下櫃）合併資產負債表

| 項目 | 2014年 | 2015年 | 2016年 |
|---|---|---|---|
| 應收款項 | 1,690,187 | 2,329,375 | 4,149,516 |
| 其他流動資產 | 253,943 | 453,497 | 403,670 |
| 流動資產 | 1,944,130 | 2,782,872 | 4,553,186 |
| 非流動資產 | 434,251 | 578,482 | 472,393 |
| 資產總計 | 2,378,381 | 3,361,354 | 5,025,579 |
| 流動負債 | 1,277,534 | 1,814,606 | 3,248,628 |
| 非流動負債 | 169,227 | 435,706 | 436,960 |
| 負債總計 | 1,446,761 | 2,250,312 | 3,685,588 |
| 股本 | 589,799 | 737,249 | 796,562 |
| 資本公積 | 74,156 | 84,842 | 86,750 |
| 保留盈餘 | 265,207 | 275,691 | 436,927 |
| 其他權益 | 2,458 | 13,260 | 19,752 |
| 歸屬於母公司業主之權益合計 | 931,620 | 1,111,042 | 1,339,991 |
| 每股淨值（元） | 12.31 | 15.07 | 16.82 |

註：除每股淨值外，其餘單位皆為千元　　資料來源：公開資訊觀測站

2017年7月，《Smart智富》月刊請筆者分析一家潛在的地雷股，那時筆者就大膽預測，華美的財報有問題。2017年10月1日，《Smart智富》月刊正式發行後，華美的股價一路下跌（詳見圖1），最後於2017年11月16日下櫃。

之後，2017年12月6日的《自由時報》指出，華美涉嫌利用海外人頭公司

圖1 2017年4月起,華美股價一路下跌
──華美(6107,已下櫃)股價日線圖

2017年7月筆者接受《Smart智富》月刊專訪時,即認為華美是潛在地雷股

註:資料統計時間為 2017.01.05 ~ 2017.11.16　　資料來源:Goodinfo! 台灣股市資訊網

與中國普天集團進行假交易,涉及財報不實,違反《證券交易法》。台北地檢署偵訊後,認為華美副董事長及母公司英格爾公司總經理呂正東、英格爾董事長張志榮、華美董事長楊名衡 3 人涉嫌重大,且有逃亡及串證之虞,向法院聲請羈押禁見,全案調查中。從華美的個案,投資人可以了解到,不能只看營收的金額與獲利的大小就進行投資決策,還需觀察營業活動現金流量是否為正、應收帳款平均收帳天數是否過長等資訊,才能避免踩到地雷,以致血本無歸。

# 案例3》如何從法說會內容判斷股價未來起伏？

4-8

「如何從公司法說會的內容判斷股價未來走勢？」這個問題其實很簡單，從發言人的談話內容就能了解一家企業的營運模式與經營方針，也可以藉此推測整個供應鏈的供需變化，掌握產業的脈動，以做出投資的判斷。

因此在判斷股價未來走勢前，必須對公司的營運模式有概念，這部分可以用杜邦分析做輔助，接下來就以餐飲業龍頭的鼎泰豐（未上市）和王品（2727）舉例。

## 觀察公司營運模式，了解獲利方式

知名連鎖餐飲品牌鼎泰豐，以小籠包聞名世界，除了在台灣展店以外，也在美國、中國、日本等地開設門市，每家門市常常都是大排長龍。但有去鼎泰豐用餐過的人都知道，鼎泰豐內部用餐空間不大，桌子間的距離很窄，用餐的時候環境吵雜，隔壁桌講話的聲音都聽得到。因此，用餐者都想趕快吃完離開，不會想待在鼎泰豐聊天。只要顧客一用完餐，鼎泰豐會立刻把桌子收拾得很乾淨，也不會

繼續提供茶水。如此一來，不但可以提高翻桌率，每桌的用餐時間也不會太長。

此外，台灣鼎泰豐的門市除了台北市永康街總店以外，大多設於百貨公司裡。由於鼎泰豐排隊人潮眾多，民眾在等候時會在附近逛街，可以為周邊店家帶來人潮，因此百貨公司很歡迎鼎泰豐進駐，僅收取少許租金，部分百貨公司甚至完全不收租金。

雖然鼎泰豐沒有公開發行，無法得知鼎泰豐的財務報表。但從租金低、眾多的排隊人潮以及高翻桌率的情況，可以合理推測，鼎泰豐是一家賺錢的公司。

相較於鼎泰豐，餐飲集團王品有著完全不同的經營模式。王品牛排為高級西餐廳，提供有禮貌的高服務品質，加上安靜優美的舒適環境，民眾用完餐依然會想繼續待在餐廳享受美好時光。王品於 2012 年公開上市，從 2013 年到 2017 年的財報可以看出，王品歷年營收在 150 億元左右，毛利率約 50%，基本每股盈餘（EPS）除了 2015 年因收掉 35 家門市，認列近 3 億元的損失以外，其餘年度 EPS 皆在 4 元以上（詳見表 1）。

鼎泰豐和王品都是賺錢的餐飲業，但兩者的獲利方式卻截然不同。鼎泰豐是以薄利多銷的方式，利用高翻桌率衝高營業額，來創造收入。王品是以產品差異化策略，試圖提高產品售價來提升毛利率。若拿 4-3 杜邦分析來解釋，鼎泰豐的股

**表1** 除了2015年之外，王品的EPS皆在4元以上
──王品（2727）的財務數據

|  | 2013年 | 2014年 | 2015年 | 2016年 | 2017年 |
|---|---|---|---|---|---|
| 營收（億元） | 148.81 | 169.17 | 168.35 | 160.99 | 158.07 |
| 毛利率（%） | 52.51 | 51.08 | 49.06 | 49.04 | 49.59 |
| EPS（元） | 13.64 | 9.14 | 0.45 | 4.20 | 6.01 |
| ROE（%） | 22.8 | 18.0 | 4.8 | 11.7 | 13.6 |

註：王品於 2015 年收掉 35 家門市，認列損失近 3 億元，以當時股本 7 億 6,000 萬元計算，EPS 約少了 3.8 元
資料來源：公開資訊觀測站

東權益報酬率（ROE）主要來自於較高的資產周轉率，而王品的 ROE 主要來自較高的淨利率。

注意的是，鼎泰豐為未公開發行公司，無法取得財務報表，而王品集團旗下亦包含其他平價品牌，財報無法單獨反映王品牛排的財務狀況。此處以鼎泰豐與王品為例，僅是為了幫助了解杜邦分析的意義。讀者可自行以瓦城（2729）等公司為例，從 ROE 的組成因子分析其經營模式。

## 若公司發言人說法與營運模式一致，股價向上機率高

用杜邦分析了解公司的營運模式之後，就能從發言人的說法判斷公司股價未來走勢。如果有一天鼎泰豐召開法說會，發言人對外宣稱，認為鼎泰豐的用餐環境

太吵雜了，之後應該要播放古典浪漫抒情音樂，增加用餐的品質。當聽到這個消息後，投資人隔天應該要買進鼎泰豐的股票，還是賣出鼎泰豐的股票呢？由於鼎泰豐的核心競爭力在於高的資產周轉率，播放抒情音樂只會降低用餐的速度，使得鼎泰豐的獲利下降。因此，若鼎泰豐的發言人在法說會上，宣稱之後要於餐廳播放抒情音樂，此時投資人應該要賣出鼎泰豐的股票。

也就是說，公司發言人的說法若與公司過去營運模式一致，表示股價向上機率較高，投資人可繼續持有該公司的股票；反之，股價向下機率較高，投資人應該賣出該公司的股票。

# 第5章

# 制定投資策略
# 買賣有方針

# 5-1 **總經研究**》分析3因素 了解整體市場走向

看到這裡,相信讀者對於公司的財務報表及財務比率的計算皆有一定的了解,下一步就來探討股票的投資策略。

筆者的投資策略為先研究整體投資環境,接著進行產業分析,再進行個股基本分析。由於投資有風險,無法保證個股一定會上漲,因此建議採用投資組合的方式分散風險。

至於如何選股,價值股可以用財務比率分析篩選出來,成長股筆者則是採用成長型投資之父菲利普・費雪(Philip Fisher)的「閒聊法」,多和專業的高手閒聊,找出有潛力的股票。

有時短期股價的高低點很難預測,因此可以用分批買進的方式降低持有成本與風險,或是在大盤大跌時勇敢加碼買進績優股。當股價達到目標價時賣出,當股價不如預期時有紀律分批停損出場。

一般而言，股價在短期會沿著同一個方向持續前進，長期卻會呈現反轉現象。因此建議，短期投資追漲殺跌，長期投資買低賣高，可以參考移動平均線進行買賣決策。下面就來一一說明該如何操作。

研究整體投資環境是為了判斷大盤的長期趨勢是往上漲，還是往下跌。如果認為趨勢向上，則加碼成長股（詳見第7章）；如果認為趨勢向下，則將資金移往金融業特別股（詳見1-4）。

整體投資環境會受到3種因素的影響，分別說明如下：

## 非經濟因素》政治環境、戰爭、天災等

非經濟因素包括國內外政治環境、戰爭、天災、謠言等，有時候非經濟因素也會影響經濟因素。

例如，台海兩岸關係緊張是政治因素，但中國進行經濟制裁，就會影響到基本面；中美貿易戰是政治因素，但關稅的課徵是經濟因素；戰爭是政治因素，但影響到油價就變成經濟因素。

由於非經濟因素會影響總體經濟環境，進而影響個別公司獲利，因此在投資一

家公司時，必須注意是否存在非經濟因素的干擾。

## 經濟因素》總體經濟、產業競爭力等

經濟因素包括總體經濟環境、產業競爭力、個別公司財務狀況等。而影響總體經濟的指標，又包括經濟成長率、景氣對策信號、景氣動向指標、利率、物價、匯率、貨幣供給額，採購經理人指數等等。

經濟因素的分析方法可分為下列兩種：

### 1.由上而下法

由上而下法（Top down approach）是先研究總體經濟環境，再研究某個最有潛力的產業，最後再將範圍縮小到最有潛力的個股。

以匯率變動為例，當新台幣升值時，有利進口商，不利出口商；反之，當新台幣貶值時，有利出口商，不利進口商。而匯率的波動，其實也代表國際資金的流向。當新台幣持續升值，代表外資看好台灣未來的經濟成長，不斷將資金匯入台灣，外資除了賺取匯差，還會將資金投入股市，造成股價上漲。

對於電子業而言，當新台幣升值時，雖然在短期內會有匯兌損失，毛利率可能

也會稍微下降，但企業的核心競爭力並不會受到影響。匯兌損失列為營業外損益，與本業的經營無關，且持續發生的機率不高。

長期而言，匯率波動上上下下，這期為匯兌損失，很可能下期就轉成匯兌利益。如果企業因為匯兌損失侵蝕獲利，導致基本每股盈餘（EPS）低於預期，對股價的影響其實有限；相反地，當新台幣貶值時，即使企業存在匯兌利益，但外資看空台股持續賣出，將資金匯出台灣，股價下跌的機率還是比較高。

## 2.由下而上法

由下而上法（Bottom up approach）是先研究一家公司的財務狀況，並與同業比較，衡量該企業在產業中的地位跟競爭能力，最後再探討公司股價跟大盤指數的相對位置，決定這家公司股價的合理性。

上述兩種分析方式各有其優點，投資人可以視情況而定，採用由上而下法或由下而上法。

## 市場內部因素》交易制度、市場規模、法令限制等

市場內部因素包括交易制度、交易費用、市場規模、法令限制、人為操縱等，有許多因素都會影響股價。

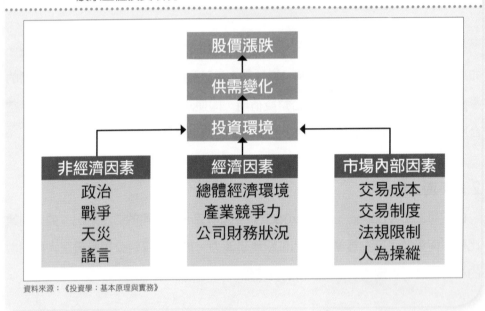

**圖1　透過分析3因素，可一窺當前股市投資環境**
——股票整體投資環境

資料來源：《投資學：基本原理與實務》

　　例如，財政部前部長郭婉容，在 1988 年宣布隔年復徵證券交易所得稅，導致股市在一個月之內無量下跌 19 天，指數由 8,900 餘點跌至 5,700 餘點。又例如投資人可以利用認購權證、認售權證、可轉換公司債、海外存託憑證等進行套利，也會對股價產生影響。

　　然而，市場內部因素對股市的影響只是短暫的，當市場過度反應之後，往往還

是會回歸基本面。因此,有關於市場內部因素的探討,請詳閱其他書籍,本書暫不介紹。

　　由於上述 3 種因素都會影響市場上大部分的企業,並非只有單一企業受到影響。且這些利多或利空因素,會改變買賣雙方的出價,進而使得股價上漲或下跌。因此建議投資人在投資個股之前,一定要先研究整體投資環境(詳見圖 1)。

# 5-2 產業分析》洞察類股特性 掌握產業景氣循環

研究完整體投資環境以後，接著要進行產業分析。投資人可以從產品生命週期、產業景氣循環和產業的競爭能力等面向進行分析，分別說明如下：

## 產品生命週期》產品進入及離開市場的 4 個週期

產品生命週期（Product Life Cycle，簡稱 PLC）理論，由美國哈佛大學教授雷蒙德‧弗農（Raymond Vernon）於 1966 年提出，說明一項新產品從一開始進入市場到最後離開市場的整個過程。

產品生命週期理論將產品生命週期分為 4 期：草創期、成長期、成熟期與衰退期（詳見圖 1）。

產品的總營收在成熟期達到頂峰，但利潤卻是在成長期與成熟期的過渡時期最高。這項產品生命週期理論，也可以套用到產業或是個別公司上。分述如下：

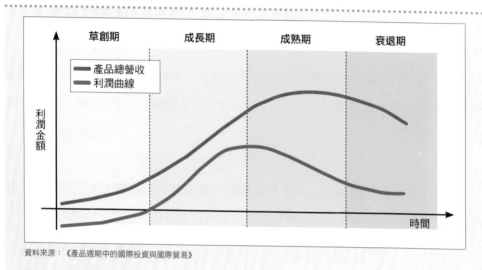

**圖1** **產品總營收在成熟期達到頂峰**
　　── 產品生命週期

資料來源:《產品週期中的國際投資與國際貿易》

## 1. 草創期

　　位於草創期的企業,財務狀況是虧損的,未來如果成功翻身,企業的獲利將大幅增加,可是一旦失敗,企業會倒閉,投資人將血本無歸,例如文創產業、生技產業,或未上市櫃的公司。

　　在專業理論上,有一個專有名詞「生存者偏誤」(survival bias),由於經營不善的公司都倒閉了,逐漸從市場中消失,導致投資人只看到成功的案例,誤以為

草創期的企業很容易成功，而低估了經營風險。因此，持有草創期企業的股票，雖然預期報酬高，但風險也高，不建議初學者輕易嘗試。

## 2.成長期

位於成長期的企業，營收與獲利都會大幅成長。由於市場的過度期待，這類型企業的本益比多半高於市場平均值。例如 AI（人工智慧）、5G（第 5 代行動通訊技術）等。

雖然處於成長期的企業，未來獲利有機會大幅成長，但股價大多已經偏高。投資人若買進的時間點不對，可能會發生「公司賺錢但投資人賠錢」的遺憾。

## 3.成熟期

位於成熟期的企業，營收與獲利將持平，成長率接近 0%，本益比則適中。由於這類型的企業已經找不到新的投資機會，通常會發放高額的現金股利，使得這類企業的現金股利殖利率偏高。例如電信產業、食品產業。由於現金股利需課徵個人綜合所得稅，資本利得則不課稅，部分大戶不願意買進這類股票，導致這類股票的本益比不高，是筆者最愛的類型。

投資成熟期的公司，投資人每年可領到穩定的現金股利，屬於收益型股票，被稱為「金牛」（Cash Cow，BCG 矩陣四象限之一，指低成長、高占有率的產品）。

表1 **投資位於成熟期的公司,現金殖利率最高**
──不同產品生命週期之公司投資風險比較

|  | 草創期 | 成長期 | 成熟期 | 衰退期 |
|---|---|---|---|---|
| 經營績效 | 虧損 | 獲利 | 獲利 | 虧損或損益兩平 |
| 預期成長率 | 大幅成長 | 成長 | 持平 | 衰退 |
| 本益比 | — | 高 | 適中 | 低 |
| 現金殖利率 | 無現金股利 | 低 | 高 | 低或無現金股利 |
| 投資風險 | 極高 | 高 | 低 | 虧損機率超高 |
| 代表產業 | 文創、生技 | AI、5G | 電信、食品 | 光碟、太陽能、LED |

註:虧損企業不適合用本益比評價

### 4.衰退期

當市場上有其他的替代品出現,或消費者習慣改變,該產業就可能進入衰退期。此時企業的營收將持續衰退,獲利會由盈轉虧。位於衰退期的企業,由於不賺錢,通常不會發放現金股利,且公司的股價會持續下跌,例如光碟產業、太陽能產業、LED 產業。有關各產業的資訊,可以參考「產業價值鏈資訊平台」網站(ic.tpex.org.tw/index.php)。

## 產業景氣循環》防禦型產業較不易受景氣影響

產業景氣循環可以分為谷底期、復甦期、成長期、繁榮期、衰退期及蕭條期(詳

見圖２）。產業依據是否容易受到景氣循環影響又可分為兩類：

## 1.防禦型產業

　　某些產品並沒有明顯的生命週期，不易受到景氣循環影響，稱為「防禦型產業」。防禦型產業通常與民生相關，為生活必需品，即使景氣轉差，防禦型產業仍有穩定收入與獲利。防禦型產業由於獲利波動小、風險低，所以其股價波動也較小，像是公用事業、食品業等。由於股價波動小，這類型的企業比較適合當作定存股，特色類似成熟期的產業性質。

## 2.景氣循環股

　　某些產業的獲利會隨著景氣循環而大幅變動，像是營建類股、原物料類股等，稱為「景氣循環股」。

　　景氣循環股位於繁榮期時，股價達到高點，但獲利相對較高，因此計算出來的本益比較低。然而繁榮期之後將進入衰退期，股價即將下跌，故此時不宜買進。景氣循環股位於谷底期時，股價達到低點，但獲利相對較低，因此計算出來的本益比較高。由於谷底期之後將進入復甦期，股價即將上漲，故此時是好的買點。

　　對於景氣循環股而言，應該在本益比高時買進，本益比低時賣出，才能低買高賣賺取價差。投資人如果依照一般教科書的投資方式，於本益比低時買進這類型

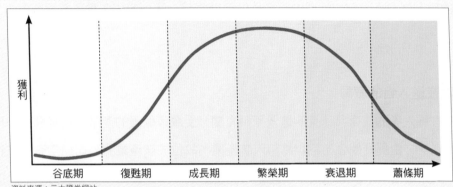

**圖2 產業景氣循環會歷經6個階段**
──產業景氣循環示意圖

景氣循環股,往往會買在高點,然後再抱怨「基本分析沒有用,基本面不如一碗泡麵」。其實只要掌握景氣循環股的特性,很容易就能賺到錢。

因此,景氣循環股一般以股價淨值比評價,用本益比評價容易做出錯誤的決策。

## 產業競爭能力》用五力分析洞徹產業獲利

美國哈佛大學教授麥可・波特(Michael Porter)於 1979 年提出「五力分析」的理論,認為有 5 種力量牽動產業的獲利,分述如下:

## 1.現有廠商的競爭

　　指市場上現有廠商的競爭程度。當現有廠商的家數愈多，彼此競爭愈激烈，企業的獲利就愈低。例如近期中國紅色供應鏈崛起，使台灣許多電子業面臨虧損的壓力。

## 2.潛在進入者的威脅

　　潛在進入者的威脅和產業的進入障礙有關。受政策保護的產業，或是高技術門檻的產業，由於其他公司不容易跨入該產業，故位於該產業的公司通常有穩定獲利。例如電信業涉及通訊安全，被政府高度管制，其他公司不容易取得執照，潛在進入者的威脅性很低，對已長期深耕市場的電信三雄（指中華電（2412）、遠傳（4904）、台灣大（3045））有利。

## 3.替代品的威脅

　　指市場上是否有替代品降低消費者對產品的需求。例如科技的進步與消費者的習慣改變，對光碟的需求大幅下降，導致光碟產業持續虧損。

## 4.賣方的議價能力

　　指上游供應商對企業的議價能力。上游廠商的數量愈多，企業的議價能力愈強，愈容易賺錢。例如蘋果（Apple）公司，會維持供應鏈的家數，讓這些廠商彼此競爭，降低賣方的議價能力，來創造自己的高額獲利。

### 5.買方的議價能力

　　指下游客戶對企業的議價能力。下游廠商的數量愈多,客戶的議價能力愈差,企業愈容易賺錢。例如便利超商的客戶為廣大的消費者,因此便利超商具有定價權,可以恣意取消 39 元與 49 元的優惠組合搭配。

　　相反地,很多蘋概股客戶集中度超高,對蘋果公司的銷貨占營收的一半以上。這種單一客戶集中度過高的公司,對下游買方廠商的議價能力很弱,很容易被客戶砍價,風險較高。

　　投資人只要詳加應用,就可以透過上述 3 種產業分析來尋找合適的個股。

# 進場策略》等比買進法 報酬率優於股價漲幅

5-3

了解如何從總體環境、產業來尋找投資標的之後，接下來要談論股票的買進策略。很多投資達人建議散戶重壓少數幾檔股票，將個人有限的時間專注在最有把握的標的。但是，買進最有把握的股票就一定賺錢嗎？每個投資人都是覺得股價會漲才買進的，但買進後每個投資人都賺到錢了嗎？要知道市場的風險是存在的，包括系統性風險與非系統性風險（詳見 8-2），很多事情不是人為可以控制的。

## 分散風險》同時持有相關係數低的公司

舉例而言，假設某家店每天租金是 1,000 元，如果我們開一家雨傘店，晴天時，雨傘一定賣得很差，但店面的租金還是要付，這時雨傘店就會虧損 1,000 元。如果運氣好，當天下雨，雨傘的銷售量會很好，當天可以淨賺 3,000 元（詳見表 1）。

究竟今天會下雨還是出太陽，並非人為所能控制的，如果是雨天，公司就會賺錢；如果是晴天，公司就會賠錢，這就是經營企業的風險。

## 表1　同時開雨傘、太陽眼鏡店，就不用擔心天氣的影響
──雨傘店、太陽眼鏡店在不同天氣的獲利

| 店家 | 獲利（元） | |
|---|---|---|
| | 晴天 | 雨天 |
| 雨傘 | -1,000 | 3,000 |
| 太陽眼鏡 | 3,000 | -1,000 |
| 同時賣雨傘和太陽眼鏡 | 2,000 | 2,000 |

同理，如果我們開一家太陽眼鏡店，雨天時，太陽眼鏡一定賣得很差，但店面的租金還是要付，這時太陽眼鏡店就會虧損 1,000 元。如果運氣好，當天出大太陽，太陽眼鏡的銷售量會很好，當天可以淨賺 3,000 元。

究竟今天會下雨還是出太陽，並非人為所能控制的，跟雨傘店情況恰恰相反，如果是雨天，公司就會賠錢；如果是晴天，公司就會賺錢，這就是經營企業會面臨的風險。

有沒有什麼方法可以減少企業經營的風險呢？如果老闆同時租下兩家店，一家賣雨傘，一家賣太陽眼鏡，則雨天時，太陽眼鏡店虧損 1,000 元，但雨傘店賺 3,000 元，合計賺 2,000 元；晴天時，雨傘店虧損 1,000 元，但太陽眼鏡店賺 3,000 元，合計賺 2,000 元。如此一來，不論晴天或雨天，都是賺錢的，風險被

降低至 0 了。

投資股票就和前述開店的例子一樣，有許多無法控制的風險。偶爾會有人笑筆者，怎麼推薦 10 檔股票，7 檔上漲，3 檔下跌，有人推薦 5 檔股票，全部上漲，看起來績效非常好。當然，推薦的股票全數上漲，這是最理想的目標，是未來努力的方向。但是，投資是存在風險的，沒有人可以保證買進股票後一定會立刻上漲，投資人要做的是風險控管，盡可能將風險分散。

就好像推薦投資人買進 5 檔被動元件類股，在多頭走勢下當然有可能 5 檔股票全部漲停。但由於股票之間彼此相關係數高，不具分散風險的效果，即使在某一段時間股價非常強勢，只要情況改變，也可能全數跌停。

因此，最好是買進相關係數低的一籃子股票，若相關係數是負的更好，不管股價是上漲或下跌都對投資人有利，就好像老闆同時擁有雨傘店和太陽眼鏡店，則不論晴天和雨天都能賺錢，如此一來，便可以在相同的風險下，得到比較高的報酬。或是在獲得相同的預期報酬下，將風險降至最低。

## 買進方式》長期趨勢向上時，可分批買進股票

投資人除了可以藉由買進相關係數低的一籃子股票來降低風險以外，還可以透

過不同的買進方式來提高報酬，下面就來介紹幾種不同的買進方式：

## 1.一次買進

　　想要用一次買好、買滿的投資策略的前提是，買進當下是股價的最低點。但是連專業的法人都無法完全預測股價的漲跌，一般的散戶根本很難預測得準。再者，採用一次買進的投資策略，如果之後標的繼續下跌，要怎麼辦？因此筆者建議採用定期定額或分批買進的投資方式，以降低持有成本與風險。

## 2.定期定額

　　定期定額，顧名思義是指於固定的時間用固定的金額購買金融商品。以定期定額的方式投資，當大盤趨勢是往上時，整體投資組合會得到正的報酬。若每年金融商品的價格波動增加，定期定額的投資方式會使報酬率增加（詳見表2）。此種方法適用於投資基金或 ETF，像是元大台灣 50（0050）就適合採用此種買法。

　　也許有人擔心，使用定期定額方式購買金融產品，若價格波動劇烈，獲利可能會變少，但就理論而言，金融商品增值倍數＝長期價格趨勢倍數 × 短期振幅波動倍數。當指數的長期趨勢是向上的，定期定額的投資方式可以創造獲利。而當短期的振幅加劇時，定期定額的投資報酬率將會增加。

　　因此，投資人不需害怕股市有波動，就是因為股市的波動，反而能帶來更高的

報酬率。當指數下跌時，能購買的單位增加，若採取定期定額的投資方式，最忌諱在指數下跌時因為心理恐慌而停止扣款，這樣就失去定期定額利用短期振幅提升整體投資報酬率的優勢了。

## 3.分批買進

即使是同一檔股票，不同的人在不同的時間點買賣，損益會差非常多，可能有的人賺錢，有的人賠錢。有些散戶依照技術指標進場，結果買了就套，賣了就漲，心中萬般無奈，總覺得市場上有人和他作對。解決之道其實很簡單，直接放棄技術分析，改用「分批買進」的投資策略即可。

分批買進的投資方式與定期定額投資的精神類似，也就是在股價低時多買一些，在股價高時少買一些，雖然股價短期上上下下有所波動，只要整體長期趨勢是向上的，分批買進的投資策略就能降低持有成本並降低風險。

市場上常用的「分批買進法」有兩種，分別介紹如下：

①**等比買進法**：「等比買進法」指在股價漲跌時，每次都依循相同的比例加減碼，而買進或賣出股票時，都以相同的倍數為單位。

舉例來說，經過研究後，看好一檔 A 股票的長期發展，目前股價為 100 元，但

## 表2 金融商品短期波動增加,定期定額投報率也會增加

每年定期定額投入3,000元,連續投資5年的報酬率

| 價格波動<br>(起始價格為100元) | 買進單位<br>總和 | 整體投資組合<br>價值(元) | 5年總報酬率<br>(%) | 年化報酬率<br>(%) |
|---|---|---|---|---|
| 每年+5% | 136.38 | 17,406 | 16.04 | 3.02 |
| 1年後-5%,隔年+<br>20%,不斷循環 | 138.68 | 17,699 | 18.00 | 3.37 |
| 1年後-20%,隔年+<br>40%,不斷循環 | 151.68 | 19,359 | 29.06 | 5.23 |

金融商品投報率與長期趨勢及短期波動的關係

| 價格波動<br>(起始價格為100元) | 平均單位成本<br>(元) | 長期價格<br>趨勢倍數<br>(倍) | 短期振幅<br>波動倍數<br>(倍) | 金融商品<br>增值比率<br>(%) | 金融商品<br>投資報酬率<br>(%) |
|---|---|---|---|---|---|
| 每年+5% | 109.99 | 1.13 | 1.03 | 116.04 | 16.04 |
| 1年後-5%,隔年+<br>20%,不斷循環 | 108.16 | 1.13 | 1.04 | 118.00 | 18.00 |
| 1年後-20%,隔年+<br>40%,不斷循環 | 98.89 | 1.13 | 1.07 | 129.06 | 29.06 |

註:1. 整體投資組合價值是以金融商品第5年價格127.63元計算;平均單位成本=累積扣款成本÷累積單位數;長期價格趨勢倍數=最近金融商品價格÷投資期間的金融商品平均價格;短期振幅波動倍數=投資期間基金平均價格÷平均單位成本;金融商品增值倍數=長期價格趨勢倍數 × 短期振幅波動倍數 ×100%;金融商品投資報酬率=金融商品增值比率 –100%

無法判斷短期的走勢。這時可以採用等比買進法。於股價100元時先買1張(即1,000股),跌到95元時再買2張,跌到90元時再買4張,此時的平均買進成本為92.86元(詳見表3)。

過了1年,股價達到目標價120元。這時可以先賣1張,漲到125元時再賣

2 張，漲到 130 元時再賣 4 張，此時的平均賣出價格為 127.14 元。

　　股價雖然是從 100 元跌到 90 元又漲到 130 元，以最後結果來看，上漲 30%，但投資人的獲利是 36.92%（（127.14-92.86）÷ 92.86），高於股價的漲幅。由於在股價低檔時買進的張數較多，在股價高檔時賣出的張數較多，因此投資人的報酬率可以高於股價的漲幅。

　　②**金字塔買進法**：「金字塔買進法」適用於股價呈現上升趨勢，投資人看好公司未來的前景，但又怕買太貴，避免追高，這時就可以採用「金字塔買進法」。之後如果股價再上漲，就不要再追高了，等目標價來臨，使用「倒金字塔賣出法」分批賣出持股。說明如下：

　　例如經過研究後，看好一檔 B 股票，股價呈上升趨勢，當股價為 100 元，趕快買進 6 張，建立基本持股；漲到 105 元時，再買 4 張；漲到 110 元時再買 2 張，此時的平均買進成本為 103.33 元（詳見圖 1）。

　　過了 1 年，股價達到目標價 120 元時可以先賣 2 張，漲到 125 元時再賣 4 張，漲到 130 元時再賣 6 張，此時的平均賣出價格為 126.67 元（詳見圖 2）。

　　在此情況下，投資人的獲利是 22.59%（（126.67-103.33）÷103.33），

### 表3 用等比買進、賣出法，可降低買貴、低賣風險

等比買進法

| 股價（元） | 買進張數（張） | 買進金額（元） |
|---|---|---|
| 100 | 1 | 100,000（100×1×1,000） |
| 95 | 2 | 190,000（95×2×1,000） |
| 90 | 4 | 360,000（90×4×1,000） |
| 合計 | 7 | 650,000，平均買進成本為每股92.86元（650,000÷7,000） |

等比賣出法

| 股價（元） | 賣出張數（張） | 賣出金額（元） |
|---|---|---|
| 120 | 1 | 120,000（120×1×1,000） |
| 125 | 2 | 250,000（125×2×1,000） |
| 130 | 4 | 520,000（130×4×1,000） |
| 合計 | 7 | 890,000，平均賣出價格為每股127.14元（890,000÷7,000） |

低於股價的漲幅30%（（130-100）÷100）。

　　雖然用等比買進法和金字塔買進法都可以有不錯的獲利，但要特別注意的是，使用分批買進法進行投資時，必須確定整體長期趨勢是向上的。如果趨勢往下，則分批買進的投資方式依然會賠錢，愈是向下攤平，賠得愈多。因此，在投資一家公司之前，一定要研究總體經濟、相關產業及個別公司，避免買到趨勢向下的股票。

## 圖1 股價呈上升趨勢時，可採用金字塔買進法

——金字塔買進法

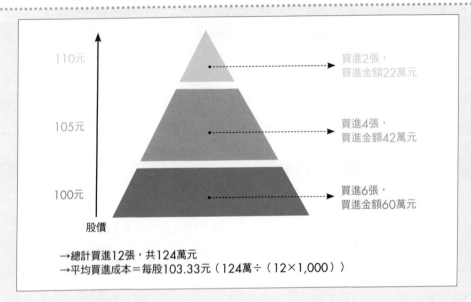

110元　　　　　　　　　　　　　　　　買進2張，
　　　　　　　　　　　　　　　　　　買進金額22萬元

105元　　　　　　　　　　　　　　　　買進4張，
　　　　　　　　　　　　　　　　　　買進金額42萬元

100元　　　　　　　　　　　　　　　　買進6張，
　　　　　　　　　　　　　　　　　　買進金額60萬元

股價

→總計買進12張，共124萬元
→平均買進成本＝每股103.33元（124萬÷（12×1,000））

## 買進時機》善用 2 時間點，降低買進成本

了解買進方式之後，下一步要來探討買進時機。

買進時機會影響到股票的持有成本，若能在股價便宜時買進最好，以下建議兩種買進的時間點：

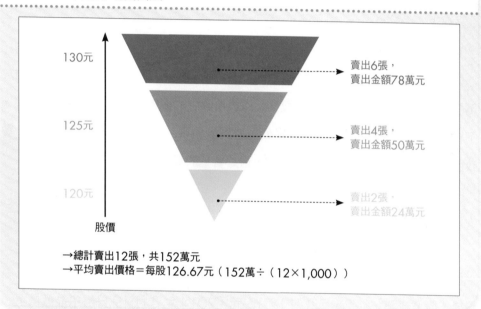

**圖2　股票達到目標價之後，可採用倒金字塔賣出法**
——倒金字塔賣出法

130元　　賣出6張，賣出金額78萬元

125元　　賣出4張，賣出金額50萬元

120元　　賣出2張，賣出金額24萬元

股價

→總計賣出12張，共152萬元
→平均賣出價格＝每股126.67元（152萬÷（12×1,000））

## 1.大盤大跌時

　　若能夠在大盤大跌時買進最佳。由於 CAPM 中 $\beta$ 值強大的威力（詳見 8-2），當大盤大跌時，個股通常也會跟著下跌。此時投資人應該思考大盤下跌的原因。是油價大跌嗎？是美國聯準會（Fed）升息嗎？是美國總統川普（Donald Trump）亂講話嗎？請問這次的事件，對自己投資的個股會有影響嗎？如果沒有影響，個股卻因為大盤大跌時跟著被錯殺，此時買進股票，就可以壓低持有成本，增加投

資獲利的金額與機會。但如果自己想要投資的個股,就是受影響最深的族群,當基本面已受到衝擊,此時就不適合進場。

## 2.好公司遇到倒楣事

除了在大盤大跌時買進之外,若好公司遇到倒楣事,也是買進的好時機。由於倒楣事屬於一次性的衝擊,今年發生,以後再發生的機率很低。而且這種倒楣事,不會影響到公司的經營能力。當好公司遇到倒楣事,雖然一時的財報很難看,導致股價重挫,但之後亮眼的經營績效,最終會把股價帶上來。

投資人需要具備的,就是耐心而已。

例如老牌化工廠榮化(1704,已下市),於 2014 年 7 月 31 日高雄發生氣爆後,股價崩盤,從 25 元跌到 12.15 元(2014 年 8 月 19 日盤中最低價),在半個多月內急速下跌 52%。當時市場謠傳,高雄這一爆,整個道路都毀了,並造成 32 死、321 傷的悲劇,榮化要賠償的金額是天文數字,可能會倒閉。市場恐慌性賣壓,導致榮化股價重挫。

2018 年 6 月,判決結果出爐,法院認定高雄市政府在氣爆案有 4 成過失責任,中油則沒有過失,榮化有 3 成過失責任,華運倉儲有 3 成過失責任,因此榮化僅須賠償 1 億 2,000 萬元。對照 2017 年的本期淨利近 36 億元,根本就是九牛一

表4 **2017年榮化本期淨利近36億元**
──榮化（1704，已下市）簡易損益表

| | 2014年 | 2015年 | 2016年 | 2017年 |
|---|---|---|---|---|
| 營業收入 | 24,680 | 18,511 | 21,314 | 24,211 |
| 營業成本 | 22,652 | 15,116 | 17,257 | 20,350 |
| 營業毛利 | 2,027 | 3,394 | 4,057 | 3,861 |
| 營業費用 | 1,519 | 1,558 | 1,792 | 2,073 |
| 營業利益 | 520 | 1,807 | 2,266 | 1,794 |
| 營業外收入 | 553 | 10,687 | 2,149 | 2,965 |
| 營業外支出 | 9,377 | 2,187 | 400 | 677 |
| 稅前淨利 | -8,304 | 10,307 | 4,015 | 4,082 |
| 所得稅 | 24 | 333 | 47 | 500 |
| 本期淨利 | -8,327 | 9,974 | 3,968 | 3,582 |
| 平均股本 | 8,531 | 8,530 | 8,530 | 8,532 |
| 基本每股盈餘（元） | -9.8 | 11.7 | 4.7 | 4.2 |

註：除基本每股盈餘外，其餘單位皆為百萬元　資料來源：公開資訊觀測站

毛，對公司的財務沒什麼影響（詳見表4）。

2014年8月，榮化的股價跌到12.15元的低點後，盤整了半年，之後慢慢往上漲，2018年8月，全球第三大私募股權基金KKR的關係企業Carlton決定以每股新台幣56元收購榮化全部股權，短短4年，報酬率超過300%（詳見圖3）。

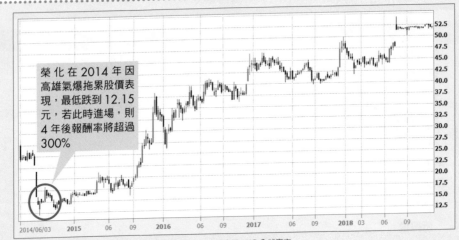

圖3　高雄氣爆影響，2014年榮化一度跌到12.15元
——榮化（1704，已下市）股價週線圖

榮化在 2014 年因高雄氣爆拖累股價表現，最低跌到 12.15 元，若此時進場，則 4 年後報酬率將超過 300%

註：資料統計時間為 2014.06.03 ～ 2018.12.10　　資料來源：XQ 全球贏家

　　整體而言，在大盤大跌時，勇敢買進績優股票，由於持有成本較低，賺錢的機率就增加了。或是當好公司遇到倒楣事，別人恐懼時自己貪婪，此時勇敢買進，報酬率往往非常驚人。難怪有人說，市場的壞消息就是投資人的好消息。

# 出場策略》4種脫手時機 紀律執行可拉高勝率

5-4

學會如何買進之後，下一步就是學習如何賣出了。有人說：「會買是徒弟，會賣是師傅。」到底要於何時賣出股票，的確是一件困難的事。

**賣出時機》符合 4 時機，即可賣出持股**

以下建議 4 種賣出的時機點：

### 1.股價達到設定目標價

在買進一家企業的股票時，投資人應該要先了解這家公司，用現金股利折現模型（詳見 8-5）計算這家公司的價值。當企業的股價低於企業的價值時，投資人可以考慮買進股票。

當企業的股價慢慢上漲，達到設定的目標價，甚至超過企業的價值時，此時就是好的賣出時機。

### 2.買進理由消失

如果當初是依據基本面分析決定買進，當企業的獲利不如預期，或是前景轉差時，此時就是好的賣出時機。

如果當初是依據技術分析決定買進，當技術線圖轉弱時，此時就是好的賣出時機。如果當初是跟高手的單買進，當高手賣出時，此時建議跟著賣出。

### 3.找到預期投資報酬率更高，風險更低的投資標的

由於投資人的資金有限，當投資人發現預期投資報酬率更高，風險更低的投資標的時，就可以賣出風險相對較高，報酬率相對較低的標的。

### 4.帳面虧損達10%

如果買進後股價不如預期，持續下跌，以致帳面虧損 10%。此時找不出原因，大盤也沒下跌，這時就建議分批陸續減損。

要知道投資一定有風險，不要太堅持自己的判斷。試著回想一下，我們對自己所待的公司，所有的業務都非常清楚嗎？所有的財務狀況都非常了解嗎？如果投資人對自己所任職的公司，都無法全盤了解，那對於其他上市櫃公司，有信心百分之百完全了解這家公司嗎？想必是沒有辦法吧。既然無法全盤了解，就代表投資有一定的風險，可能有一些細節沒有注意到。

　　根據資本資產定價模型（CAPM，詳見 8-2），投資一家公司，必須承擔系統性與非系統性風險。即使我們能夠百分之百了解這家公司，也有可能面臨到公司工廠被政府勒令停工、遭遇火災等不可抗力的因素，導致股價下跌。更何況投資的公司有很多細節是我們不了解的，判斷錯誤，投資虧損，在所難免。如果一時虧錢，就必須果斷停損，先捨得小輸才會大贏。

　　這方法看似容易，但卻很難克服心理障礙。一般散戶，當買進的股票股價上漲，急著獲利了結，深怕之後股價下跌；當買進的股票股價下跌，散戶卻選擇繼續持有，不希望承認當時的決策是錯誤的。為了避免承認錯誤，患有攤平症候群（get-evenitis disease），常常愈跌愈買，為了爭一口氣，反而讓損失擴大。

　　換個角度來思考，為什麼市場上有那麼多人，願意用很低的價格賣出持股，導致股價愈來愈低？股價愈來愈低，為什麼市場上沒有人發現這家公司的股價被低估？有沒有可能是這家公司的展望改變，導致股價下跌卻沒有人敢承接呢？一般散戶持有虧損股票，卻賣出獲利股票，所以常常虧損。正確的做法是：「砍掉虧損股票，讓賺錢的股票繼續發揮。」

## 停損方式》投資部位超過資產10% 時，嚴格執行停損機制

　　因此，當投資的部位超過資產的 10%，就必須嚴格執行停損機制。停損的方式

有 3 種，分別說明如下：

## 1.比率停損法

比率停損法是依據進場點計算帳面損失，當帳面損失到一定程度時停損出場，此為最典型的停損方法。

投資人可以在帳面損失 10% 時，先停損 1/4；當股價又下跌 5% 時，再停損 1/4；當股價又下跌 5% 時，再停損 1/4；當股價再下跌 5%，出清手中持有最後的 1/4 持股。

假設投資人在股價 100 元時買進 40 張股票，當股價下跌 10%，來到 90 元時，先停損 10 張股票；股價又下跌 5%，來到 85 元時，再停損 10 張股票；股價繼續下跌 5%，來到 80 元時，再停損 10 張股票；當股價再下跌 5%，變成 75 元時，就將手中最後 10 張股票全部出清。採用此種方法停損，賣出總額為 330 萬元，虧損 70 萬元（詳見表 1）。

若是投資人完全不做停損，而是選擇在股價下跌至 75 元時才一次賣出，則賣出總金額為 300 萬元（75×40×1,000），虧損金額高達 100 萬元（300 萬－400 萬）。兩者相比之下，完全不停損的虧損金額，約是採用比率停損法虧損金額的 1.4 倍。

### 表1　股價下跌10%時，先停損1/4部位
——比率停損法

| 股價（元） | 買進／賣出張數（張） | 買進／賣出金額（元） |
|---|---|---|
| 100 | 買進40 | 支出400萬元（100×40×1,000） |
| 90 | 賣出10 | 收回90萬元（90×10×1,000） |
| 85 | 賣出10 | 收回85萬元（85×10×1,000） |
| 80 | 賣出10 | 收回80萬元（80×10×1,000） |
| 75 | 賣出10 | 收回75萬元（75×10×1,000） |
| 合計 | | 虧損70萬元（330萬-400萬） |

## 2.技術停損法

以技術指標停損。例如跌破季線停損，股價破底停損等。

## 3.事件停損法

當特定事件發生後，若沒有達到預期的目標，則出清該部位。例如法說會展望低於預期、財報公布後獲利不如預期、營收不如預期等。

# 操作策略》短期追漲殺跌 長期買低賣高

5-5

一般而言，股價在短期之內，會沿著同一個方向持續邁進，持續上漲或持續下跌。但長期而言，股價會反轉，漲多回檔，跌深反彈。因此，短期投資的策略為追漲殺跌，長期投資的策略為買低賣高。

## 短期持有》利用資訊蔓延效果追漲殺跌

我們先來探討為什麼短期內股價會沿著同一個方向持續邁進呢？主要是因為資訊不對稱所致。股票市場並非完全效率市場，內部人常常有一些外部人不知道的資訊，導致市場上存在動能的異常現象。

當公司有利多消息時，通常是公司的內部人先知道，會先大量買進自家公司的股票，使股價上漲。自己買完後，再叫親戚朋友買進，股價又持續上漲。這時，有一些法人注意到這家公司，也開始買進股票，股價就繼續上漲。當有愈來愈多人知道這個消息，持續買進股票，股價就持續上漲。等到記者知道了，發布新聞後，

市場上所有的散戶都知道了，此時散戶衝進去買，股價又衝上去了，但可能就是這一波的最高點。

相反地，當公司有利空消息時。公司的內部人會先賣出股票，導致股價下跌，但消息不會一下子被所有人知道。隨著知道的人愈來愈多，市場上就陸續有人願意以較低的價格出售，導致股價不斷下跌。學術上將此現象稱為「資訊蔓延效果」。

再次以4-6的華星光（4979）為例。2015年受惠於中國光纖到府政策，加上市場對於資訊傳輸的要求提高，光纖通訊零組件的需求大幅成長。華星光的股價也由2014年的37.15元（2014年2月5日盤中低點），漲到2015年的97.4元（2015年6月22日盤中高點）。

在股價上漲的過程，總共花了1年半的時間，平均每個月漲一些，並非一次漲足，主要就是因為「資訊蔓延效果」。在這1年半，只要順勢交易，勇敢追價，賺錢的機率很高。

然而好景不常，中國政策風向球大逆轉，華星光的股價也由2015年的高點97.4元，跌到2018年的14.8元（2018年10月29日盤中低點）。由於「資訊蔓延效果」，華星光的股價並非一次跌完，而是每個月跌一些，趨勢持續向下。此時投資人若順勢放空，獲利的機率很高（詳見圖1）。

## 長期投資》依均值回歸理論買低賣高

接著再來探討為什麼長期而言股價會反轉 —— 漲多回檔，跌深反彈？這要從 1985 年，學者德邦特（Werner De Bondt）與諾貝爾經濟學獎得主賽勒（Richard Thaler）提出的均值回歸（mean reversion）概念說起。均值回歸指股價無論高於或低於平均數，長期而言，都會回歸平均數。

為何長期下來，股價會回歸平均數呢？我們可以用經濟學上的供需法則來說明。供需法則認為，價格是由供給跟需求來共同決定。依據供給曲線（$S_0$）與需求曲線（$D_0$），這兩條曲線的交點來決定均衡的數量（$Q_0$）與價格（$P_0$）。但是這個均衡的價格並非完全不會變動，隨著經濟環境的改變，均衡的價格與數量也會跟著改變，也就是經濟學中的動態均衡分析（Dynamic Equilibrium Analysis）。

當一個產業的需求上升（$D_0 \rightarrow D_1$），會導致均衡價格上升（$P_0 \rightarrow P_1$），供給者可以享有超額利潤。其他的廠商看到這個產業有超額利潤，會想辦法跨進這個產業。當供給增加到一定的程度（$S_0 \rightarrow S_1$），均衡價格下滑（$P_1 \rightarrow P_2$），導致供給者的利潤下降，甚至產生虧損，這個時候，會有部分的廠商退出市場。供給減少（$S_1 \rightarrow S_2$），均衡價格又回升（$P_2 \rightarrow P_3$）了（詳見圖 2）。

同樣以華星光為例。2014 年 2 月，華星光的股價跌到相對低點，之後受惠於

## 圖1　利空消息釋出後，華星光股價逐步下跌
——華星光（4979）股價週線圖

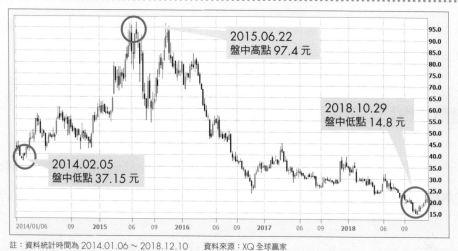

2015.06.22
盤中高點 97.4 元

2018.10.29
盤中低點 14.8 元

2014.02.05
盤中低點 37.15 元

註：資料統計時間為 2014.01.06 ～ 2018.12.10　　資料來源：XQ 全球贏家

中國光纖到府政策，華星光獲利上升，股價跌深反彈。此時許多同業看到有利可圖，紛紛搶進，導致市場供過於求，華星光獲利下滑，股價從 2015 年開始漲多回檔，股價持續下跌。

　　然而物極必反，否極泰來。等到有公司撐不下去了，破產倒閉，產業內的供給減少，產品的均衡價格自然會上升。到時候，華星光的毛利率也會跟著上升，經營績效轉虧為盈，帶動股價上漲，往平均數貼近。

從前述分析可以知道，由於股市短期存在「資訊蔓延效果」，股價會沿著同一個方向持續邁進，此時順勢交易，追漲殺跌，獲利的機率高。長期而言，股價會有「均值回歸」的現象，投資人於低點買進，高點賣出，獲利的機率高。下面就來談談如何運用此種觀念進行投資。

## 進階操作》以移動平均線為基準投資，避開大空頭

由於短期投資適合追漲殺跌，長期投資適合買低賣高，因此有投資達人發展出均線操作的投資策略，例如我的老戰友麥克風、盧 R。

移動平均線（moving average）是指特定日數的收盤價之算術平均數。每多一個交易日，就將最早的樣本剔除，加入最新日的收盤價，計算平均數。均線操作的投資策略是以移動平均線為基準，若股價在均線之上，代表股價短期強勢，此時適合做多；當股價向下跌破平均線，代表長期趨勢反轉，短期趨勢向下，此時適合放空。

《長線獲利之道：散戶投資正典》作者傑諾米・席格爾（Jeremy Siegel），以1886 年到 2012 年的美國道瓊工業指數為樣本，當指數漲過 200 日移動平均線的 1% 時買進，跌破 200 日移動平均線的 1% 時賣出，將資金轉往相對穩健的國庫券。當道瓊工業指數漲過 200 日移動平均線的 1% 時，再次買進股票，賣出國

圖2 **當需求增加、供給不變時，均衡價格會上揚**
── 產業供需圖

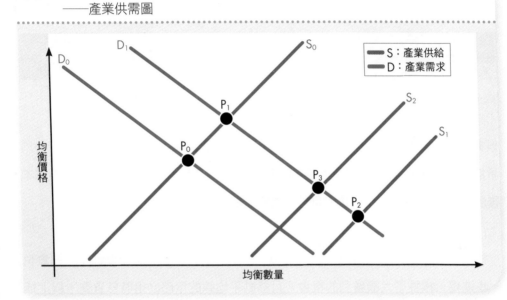

庫券。

　　依上述的交易模式，報酬率如表 1。單純的買進持有，投資報酬率為 9.4%，而移動平均線的策略，投資報酬率為 9.7%，略高於買進持有的策略。但是考量交易成本後，投資報酬率僅剩下 8.1%，低於買進持有的策略。

　　就風險控管的層面而言，移動平均線的策略可以讓投資人在空頭走勢的初期就

## 表1　以均線操作美股，可以有效控制風險
—— 美國道瓊工業指數均線操作策略

| 買進持有 | | 200日均線操作策略 | | | | 轉換次數（次） |
|---|---|---|---|---|---|---|
| | | 忽略交易成本 | | 考量交易成本 | | |
| 報酬（%） | 風險（%） | 報酬（%） | 風險（%） | 報酬（%） | 風險（%） | |
| 9.4 | 21.4 | 9.7 | 16.5 | 8.1 | 17.2 | 376 |

資料來源：《長線獲利之道：散戶投資正典》

停損，順利避開大空頭的鉅額損失，可以有效控制風險。買進持有的策略，必須承擔 21.4% 的風險。移動平均線的策略僅須承擔 16.5% 的風險，考量交易成本後風險略增加為 17.2%，仍然低於買進持有的策略。

移動平均線投資策略可以避開大空頭，但是當景氣從谷底反轉復甦時，卻會晚一步進場，犧牲了大額獲利的機會。且移動平均線的策略必須時常買賣，以上述的操作模式，在 1886 年到 2012 年的 126 年之間，必須買賣 376 次，平均一年轉換 3 次。除了交易成本外，還有許多無形的成本，例如投資人必須花時間去注意股價的變化。

另外，也有其他學者指出，買進持有比每天交易者的報酬率多了 7%，頻繁交易只會增加焦慮並拉低報酬。均線操作的策略可降低風險，但會增加交易成本，導致報酬率下降。雖然避開大空頭，但也錯過景氣由谷底反轉復甦時的大額獲利。

# 5-6 實戰技巧》掌握3撇步 買賣股票更上手

談完了該如何選股、買賣股票之後，下面就來介紹一些投資的小撇步：

## 撇步1》依據預估股價做投資決策

「有一檔股票，我買在 XX 元，股價一直下跌，目前帳面上是虧損的，請問我應該繼續持有嗎？」

在回答這個問題前，我們先來看下面這 4 個例子：

①A 於 3 個月前以 100 元買進一檔股票，目前股價 90 元，預期未來會漲到 200 元，A 應該選擇賣出持股還是繼續持有？

②B 於 3 個月前以 80 元買進一檔股票，目前股價 90 元，預期未來會漲到 200 元，B 應該選擇賣出持股還是繼續持有？

③ C 於 3 個月前以 100 元買進一檔股票，目前股價 90 元，預期未來會跌到 10 元，C 應該選擇賣出持股還是繼續持有？

④ D 於 3 個月前以 80 元買進一檔股票，目前股價 90 元，預期未來會跌到 10 元，D 應該選擇賣出持股還是繼續持有？

A 用 100 元買進一家公司的股票，而 B 是用 80 元買進，目前股價為 90 元。A 和 B 都認為股價未來會漲到 200 元，因此 A 和 B 都應該繼續持有。雖然 A 和 B 的買進成本不一樣，A 的帳面是虧損 10 元，B 的帳面是獲利 10 元，但並不影響投資決策。

C 用 100 元買進一家公司的股票，而 D 是用 80 元買進，目前股價為 90 元。C 和 D 都認為股價未來會跌到 10 元，因此 C 和 D 都應該選擇賣出持股。雖然 C 和 D 的買進成本不一樣，C 的帳面是虧損 10 元，D 的帳面是獲利 10 元，但並不影響投資決策。

再來比較 A 與 C，這兩個人都是用 100 元買進一家公司的股票，目前股價為 90 元，帳面都是虧損 10 元。但是 A 預期股票未來會漲到 200 元，所以 A 應該選擇繼續持有。而 C 預期股票未來會跌到 10 元，故 C 應該選擇賣出持股（詳見表 1）。

表1　**不論帳面是否虧損，以預期價格做出正確投資決策**
──股價對投資決策的影響

| 投資人 | 買進價格<br>（元） | 目前價格<br>（元） | 預期價格<br>（元） | 投資決策 | 評論 |
|---|---|---|---|---|---|
| A | 100 | 90 | 200 | 繼續持有 | 雖然A和B的買進成本不同，A帳面虧損10元，B帳面獲利10元，但不影響投資決策 |
| B | 80 | 90 | 200 | 繼續持有 | |
| C | 100 | 90 | 10 | 賣出持股 | 雖然C和D的買進成本不同，C帳面虧損10元，D帳面獲利10元，但不影響投資決策 |
| D | 80 | 90 | 10 | 賣出持股 | |

　　由此可見，買進股票的持有成本，與投資決策無關。投資人衡量是否賣出持股或是繼續持有的因素，端看個人對未來股價的預測。別被心理會計（mental accounting，指過度在意買進成本）影響而做出錯誤判斷。

## 撇步2》看母公司財報得知子公司獲利

　　「興櫃股票半年才公布一次財報，有辦法從其他地方得知公司獲利嗎？」

　　答案是有的。若興櫃股票有母公司，且母公司有上市櫃的話，我們就可以從母公司的財報「轉投資事業相關資訊」找到與子公司有關的資料，再進一步推測子公司的獲利，說明如下：

## 圖1 緯穎的獲利會揭露於母公司的財報中

——緯創(3231)2018年Q1合併財報

**緯創資通股份有限公司及其子公司合併財務報告附註(續)**

附表八 轉投資事業相關資訊(不包含大陸被投資公司)

(一〇七年一月一日至三月三十一日合併公司之轉投資事業資訊如下)

| 投資公司名稱 | 被投資公司名稱 | 所在地區 | 主要營業項目 | 原始投資金額 | | 期末持有 | | | 被投資公司本期損益 | 本期認列之投資損益 | 備註 |
|---|---|---|---|---|---|---|---|---|---|---|---|
| | | | | 本期期末 | 去年年底 | 股數 | 比率 | 帳面金額 | | | |
| 本公司 | Super Elite | Mauritius | 投資及控股 | 59,865 | 59,865 | 1,725 | 23.90% | 19,369 | (31) | (7) | - |
| 本公司 | 太康精密股份有限公司 | Taiwan | 電子材料、電信器材之批發及電子材料零售 | 20,943 | 20,943 | 2,088 | 23.90% | 25,871 | 3,201 | 719 | - |
| 本公司 | ISGTG | Seychelles | 資訊科技產品之研發與銷售 | 160,025 | 160,025 | 5 | 40.00% | - | - | - | - |
| 本公司 | ISGTC | Hong Kong | 資訊科技產品之研發與銷售 | 160,000 | 160,000 | 5 | 40.00% | - | - | - | - |
| 本公司 | IICL | B.V.I. | 投資及控股 | 96,045 | 96,045 | - | 30.00% | 75,639 | 380 | 114 | - |
| 本公司 | 馬豫資訊 | Taiwan | 醫療臨床資訊整合 | 15,990 | 15,990 | 557 | 15.75% | 8,131 | (9,028) | (1,422) | - |
| 本公司 | Formosa Prosonic Industries Berhad | Malaysia | 音響喇叭單體製造 | 513,565 | 513,565 | 69,260 | 28.00% | 456,720 | - | 20,572 | - |
| 本公司 | Smartiply Inc. | U.S.A. | 網路優化管理 | 62,710 | 62,710 | 2,724 | 26.75% | 43,891 | (12,246) | (3,276) | - |
| 本公司 | Optiemus Electronics Limited | India | 智慧型手機及平版電腦之製造 | 13,596 | 13,596 | 2,760 | 19.91% | 5,357 | (13,280) | (1,460) | - |
| 本公司 | 緯昌 | Taiwan | 資訊軟體批發、零售及電腦及其週邊設備製造等 | 214,656 | 214,656 | 17,888 | 46.10% | 208,311 | (16,550) | (7,630) | - |
| 緯暖科技 | Xserve(BVI)Corp. | B.V.I. | 投資及控股 | 3,938 | 3,938 | 113 | 15.00% | - | - | 依規定免填 | - |
| AIIH | WJP | Japan | CSD Maintenance company | 129,985 | 129,985 | 9 | 100.00% | 254,746 | 2,103 | 依規定免填 | (註) |
| AIIH | WDC | B.V.I. | 投資及控股、通訊產品及零組件買賣 | 3,763,657 | 3,763,657 | 124,100 | 100.00% | 3,332,345 | (8,913) | 依規定免填 | (註) |
| AIIH | 啟碁 | Taiwan | 無線電通訊產品之製造及銷售 | 1,311 | 1,311 | 113 | 0.03% | 4,530 | 276,736 | 依規定免填 | - |
| AIIH | Hartec Asia | Singapore | 投資及控股 | 178,700 | 178,700 | 6,090 | 20.02% | 210,069 | (8,343) | 依規定免填 | - |
| AIIH | WEH | Netherlands | 投資及控股 | 91 | 91 | - | 0.01% | 79 | (15,356) | 依規定免填 | (註) |
| AIIH | WBR | Brazil | 客戶售後服務 | 96 | 96 | 5 | 0.01% | 87 | (22,404) | 依規定免填 | (註) |
| AIIH | Hsieh Yuh | B.V.I. | 控股公司及代工業務 | 80,678 | 80,678 | 3,990 | 26.08% | - | 5,722 | 依規定免填 | - |
| AIIH | Xserve(BVI)Corp. | B.V.I. | 投資及控股 | 4,988 | 4,988 | 143 | 19.00% | - | - | 依規定免填 | - |
| 鼎創 | 理本投資 | Taiwan | 投資顧問及企業管理顧問 | 134,500 | 134,500 | - | 100.00% | 283,302 | 33,153 | 依規定免填 | (註) |
| 鼎創 | WCT | Netherlands | R&D | 445,704 | 445,704 | - | 100.00% | 401,518 | (3,530) | 依規定免填 | (註) |
| 鼎創 | 緯穎 | Taiwan | 資訊產品研發、銷售及服務 | 292,200 | 24,819 | 3,658 | 2.90% | 189,650 | 1,050,418 | 依規定免填 | (註) |
| 鼎創 | 宏益國際 | Taiwan | 汽車影音及零配件買賣 | 55,256 | 55,256 | 5,526 | 3.92% | 7,680 | (17,964) | 依規定免填 | - |
| 鼎創 | 緯創軟體 | Taiwan | 電腦資訊系統之製作、維護及技術諮詢顧問 | 11,552 | 20,576 | 1,024 | 2.33% | 24,500 | 27,003 | 依規定免填 | - |
| 鼎創 | 啟碁 | Taiwan | 無線電通訊產品之製造及銷售 | 2,450 | 60,512 | 98 | 0.03% | 4,935 | 276,736 | 依規定免填 | - |
| 鼎創 | WTR | Turkey | 客戶售後服務 | 47 | 47 | - | 0.10% | 47 | 2,324 | 依規定免填 | (註) |
| 鼎創 | 馬豫資訊 | Taiwan | 醫療臨床資訊整合 | 7,800 | 7,800 | 273 | 7.72% | 3,964 | (9,028) | 依規定免填 | - |
| 緯創數技 | 緯創軟體 | Taiwan | 電腦資訊系統之製作、維護及技術諮詢顧問 | 226,774 | 226,774 | 10,950 | 24.96% | 238,979 | 27,003 | 依規定免填 | - |
| 緯創數技 | 全景軟體 | Taiwan | 資訊軟體處理、電子資訊供應服務、音視訊網際網路應用軟體之研發開發生產製造及銷售 | 35,325 | 35,325 | 2,858 | 25.12% | 34,918 | (12,287) | 依規定免填 | - |
| WEDH | WEMY | Malaysia | 資訊科技產品及相關軟體之研發與銷售 | 59,804 | 59,804 | 6,512 | 100.00% | (98,264) | 3,011 | 依規定免填 | (註) |
| WEH | WPV | Netherlands | R&D | 1,025,291 | 1,025,291 | - | 100.00% | 118,840 | (210) | 依規定免填 | (註) |
| WEH | WSCZ | Czech Rep. | SERVICE | 372,337 | 372,337 | - | 100.00% | 272,865 | (15,233) | 依規定免填 | (註) |

| | | | | | | | | | | | |
|---|---|---|---|---|---|---|---|---|---|---|---|
| 鼎創 | 緯穎 | Taiwan | 資訊產品研發、銷售及服務 | 292,200 | 24,819 | 3,658 | 2.90% | 189,650 | 1,050,418 | 依規定免填 | (註) |

資料來源:公開資訊觀測站

例如母公司緯創(3231)在2018年第1季的合併財報中(詳見圖1),揭露子公司緯穎(6669)2018年第1季共獲利10億5,041萬8,000元,以緯穎當時的股本10億6,077萬5,000元計算,可以得出緯穎2018年第1季的基本每股盈餘(EPS)為9.9元(10億5,041萬8,000÷10億6,077萬

## 圖2 2018年Q2緯穎公布財報後，股價飆升至600元
── 緯穎（6669）股價日線圖

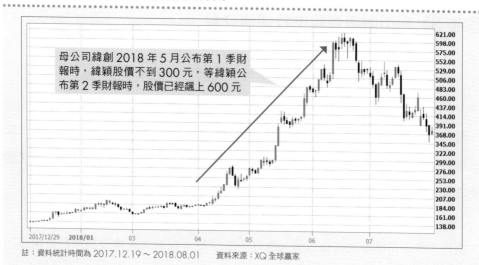

母公司緯創 2018 年 5 月公布第 1 季財報時，緯穎股價不到 300 元，等緯穎公布第 2 季財報時，股價已經飆上 600 元

註：資料統計時間為 2017.12.19 ～ 2018.08.01　　資料來源：XQ 全球贏家

5,000×10）。

而 2018 年 5 月中，母公司緯創公布第 1 季財報時，子公司緯穎的股價仍不到 300 元。等市場注意到緯穎時，緯穎的股價一路上漲，最高漲到 619.99 元（2018 年 6 月 19 日盤中高點，詳見圖 2）。

因此，藉由母公司財報得知子公司獲利資訊，然後進行投資決策，也是一個不

錯的策略。

## 撇步 3》利用盤後資訊進行盤後交易

「如果公司在股市收盤後才發布重大消息,此時有辦法買賣股票嗎?」

有時候公司於下午 2 點半前公布重大訊息,但股市於下午 1 點半就收盤了,如果這時仍想買賣,則可以藉由盤後的零股交易。化整為零,同時掛多張 999 股的委託單,用較高的買價或較低的賣價,成交的機率很高。

此外,各公司舉辦法說會以後,會在下午 2 點半前將法說會資訊放在公開資訊觀測站(mops.twse.com.tw/mops/web/index),投資人可以藉由法說會投影片的資訊作為決策依據,於盤後進行零股交易。

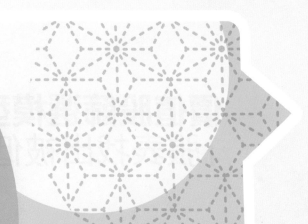

第**6**章

投資價值好股
穩穩賺報酬

# 價值股篩選模型》
6-1
# 1張表找出被低估的好公司

　　看完投資策略以後，下一步就來說明該如何挑選股票。投資人有時會陷入進退兩難的困境，究竟是要投資好公司？還是投資股價被低估的公司？在回答這個問題之前，先來看一個有趣的心理學測試。

　　由於猩猩和人類的基因很類似，因此生物學家常常拿猩猩來做實驗。如果給猩猩一根香蕉，猩猩會非常開心，但如果給猩猩兩根香蕉，之後拿走一根，雖然兩種做法最後的結果都一樣，猩猩都拿到了一根香蕉。但是後者的話，猩猩會很生氣，因為猩猩原本預期可以拿到兩根，最後只拿到一根，實際的結果低於預期，所以猩猩很生氣。

　　運用在投資上，有時候我們會發現一家企業的獲利大幅成長，但是當企業公布獲利時，股價卻是下跌的，可能的原因之一是企業的獲利低於預期。當市場預期企業的獲利增加時，股價已提前反映，企業公布財報時，盈餘雖有成長，但只要不如分析師的預期，這個時候股價還是會下跌。也就是說，只要實際的結果低於

預期，股價就會下修。因此，在預測股價時，除了考量營收、獲利的年增率與月增率之外，最好能再考量市場的預期。

由於未來具有前景的好公司，在市場過度樂觀的情況下，股價往往已經高估，若不判斷股價的合理性直接購買，往往會損失慘重。難怪傳奇基金經理人彼得‧林區（Peter lynch）曾經說過：「高價投資一家非常成功的企業，是最令人喪氣的悲劇，因為公司雖然賺大錢，但投資人卻繼續賠錢。」

## 「股價被低估的成熟期公司」具4項特色

回到剛剛的問題，究竟是要投資好公司？還是投資股價被低估的公司？筆者認為，應該要投資股價被低估的好公司。既然「高價投資好公司」會發生悲劇，那為什麼不用低價購買呢？本章將介紹可以篩選出低價優質公司的指標，並用多檔個股進行案例分析。

筆者將價值股定義為「股價被低估的成熟期公司」，這些公司具有以下的特色：

1. 每年穩定獲利。
2. 每年配發現金股利。
3. 獲利成長率遠低於成長股。
4. 本益比不高。

依據CAPM三因子模型（詳見 8-2），規模小的公司風險較高，預期報酬率也高。若投資組合以規模小的價值股為主，雖然個別標的的風險較高，有的賺錢，有的賠錢，但筆者透過將投資標的增加至 9 到 16 檔來分散風險，過去的投資組合年化報酬率接近 22.7%。

投資人當然也可以從台股 ETF——元大台灣 50（0050）中來尋找價值股標的，或是直接購買該產業的龍頭公司。這些規模大的價值股，由於風險較低，預期報酬率也較低，過去 10 年的報酬率約 7% 左右。

想要找到股價被低估的好公司，我們可以運用第 4 章學會的財務指標來選擇投資標的。以下介紹兩種價值股篩選模型：

## 「皮氏分數」在 8 分以上者，股價上漲機率高

美國芝加哥大學的會計教授皮爾托斯基（Joseph Piotroski），曾於 2001 年發展出一套稱為「皮氏分數（F Score）」的價值股評分標準，可以用來判斷一家公司是否具有投資價值。皮氏分數評分的面向包含獲利性、安全性、成長性，每個面向各包含 3 個指標，共有 9 個指標，每個指標的權重相同。這 9 個指標，每符合 1 項就得 1 分，滿分為 9 分，最低分為 0 分。得高分者代表具有投資價值，得低分者則被視為地雷股（詳見表 1）。

## 表1　用「皮氏分數」分析價值股的獲利性、安全性和成長性
——皮氏分數（F Score）計算表

| 面向 | 財務指標 | 得分標準 |
|---|---|---|
| 獲利性 | 本期淨利 | 正值得1分 |
| | 營業活動現金流量 | 正值得1分 |
| | 營業活動現金量大於本期淨利 | 正值得1分 |
| 安全性 | 長期負債比率 | 較前一年減少得1分 |
| | 流動比率 | 較前一年上升得1分 |
| | 現金增資 | 若無現金增資就得1分 |
| 成長性 | 資產報酬率 | 較前一年成長得1分 |
| | 毛利率 | 較前一年上升得1分 |
| | 總資產周轉率 | 較前一年上升得1分 |

資料來源：〈價值投資之透過財報分辨出贏家及輸家〉（暫譯，Value Investing: The Use of Historical Financial Statement Information to Separate Winners from Losers）

皮爾托斯基曾以美股的歷史資料進行回測，發現分數在 8 分以上者，股價上漲的機率較高；分數在 1 分以下者，倒閉或下市的機率比較高。若同時買進 8 分以上者，並賣出 1 分以下者，投資組合的年化報酬率將達到 23%。

## 自創價值股篩選模型，進一步評估股價合理性

皮氏分數的選股模型，雖然可以幫助投資人快速找出價值股，但筆者認為，此種評分方式仍有缺點，因為皮氏分數僅重視公司的經營績效，未檢視股價是否合

否合理。然而一般來說，好公司的股價也會較高，投資人應試圖找出股價被低估的好公司。因此，筆者和優分析股市策略平台（pro.uanalyze.com.tw/lab/dashboard/3791）合作，開發出價值股篩選模型評估表（詳見表2），說明如下：

筆者改良皮氏分數的選股模型，將總分從9分提高為100分，模型評價的面向也從3個擴展為5個，分別為：

1. **營收成長性**：公司的營收要有成長性，股價才有向上發展的空間，占整體分數20分。判斷標準著重於月營收是否月增？年增？當年度累積營收是否年增？

2. **獲利成長性**：獲利成長性代表企業的核心競爭力，核心競爭力愈高，股價上漲機率愈大，占整體分數20分。判斷標準著重於毛利率與營業利益是否季增、年增？

3. **穩定性**：穩定性是用來判斷在整體經濟環境不佳的情況下，企業是否依舊能替股東賺錢，占整體分數20分。判斷標準著重於企業在過去5年，公司是否賺錢？營業活動現金流量是否為正？是否有現金流入？是否有能力發放現金股利？

4. **安全性**：安全性是為了確保公司在短期及長期均無倒閉風險，占整體分數10分。判斷標準著重於流動比率是否大於100％？負債比率是否過高，是否會

對企業帶來財務壓力？

5. **價值性**：價值性是用來判斷目前股價是否合理，會影響投資人的買進成本，占整體分數 30 分。判斷標準著重於本益比、股價淨值比與現金股利殖利率，確保投資人能夠以合理的價格買入績優股。

不同的評比指標給予不同的權重，再將這些分數加總，可以算出每家企業的總分。根據筆者的觀察，在大盤上漲的時候，分數較高的企業，股價漲幅會多於分數較低的企業；在大盤下跌的時候，分數較高的企業，股價跌幅會少於分數較低的企業。一般來說，分數在 80 分以上的個股都值得投資人進一步的鑽研。

這裡也要特別提醒使用者，「丁彥鈞價值股篩選模型評估表」最適合用在傳統產業股，至於金融股，由於負債比率過高，且財報表達方式較特殊，滿分只有 80 分，使用此種分析方式需稍微調整（詳見6.6），得分 65 分以上者，投資人就可以考慮買進。而營建股不適合用此表進行分析，筆者另有一套篩選法（詳見6.7）。

此外，分數高的企業不保證股價一定會漲，分數低的企業也不保證股價一定會跌。模型較佳的使用方式，是從分數高的企業中，先選擇未來有前景的產業，再選擇自己熟悉的公司，進行質化分析後再買進，以提高自己的投資勝率。或是預期大盤下跌時想要減碼，則可以先賣出持股中分數較低的股票。

表2　「丁彥鈞價值股篩選模型」透過5指標評比股票價值
——丁彥鈞價值股篩選模型評估表

| 面向 | 財務指標 | 條件說明 | 得分標準 | 權重（分） |
|---|---|---|---|---|
| 營收成長性 | 月營收月增率 | 營收較上月成長 | >0，得5分 | 5 |
| | 月營收年增率 | 營收較去年同期成長 | >0，得5分 | 5 |
| | 累計營收年增率 | 累計營收較去年同期成長 | >0，得10分 | 10 |
| | 總分 | | | 20 |
| 獲利成長性 | 毛利率季增率 | 毛利率較上季上升 | >0，得5分 | 5 |
| | 毛利率年增率 | 毛利率較去年同季上升 | >0，得5分 | 5 |
| | 營業利益季增率 | 營業利益較上季增加 | >0，得5分 | 5 |
| | 營業利益年增率 | 營業利益較去年同季上升 | >0，得5分 | 5 |
| | 總分 | | | 20 |
| 穩定性 | 營業活動現金流量 | 過去5年營業活動現金流量為正 | 符合1項得1分 | 5 |
| | 營業利益 | 過去5年營業利益為正 | 符合1項得1分 | 5 |
| | 本期淨利 | 過去5年本期淨利為正 | 符合1項得1分 | 5 |
| | 現金股利 | 過去5年發放現金股利 | 符合1項得1分 | 5 |
| | 總分 | | | 20 |
| 安全性 | 流動比率 | 流動比率>100% | 符合條件得5分 | 5 |
| | 負債比率 | 負債比<50% | 符合條件得5分 | 5 |
| | 總分 | | | 10 |
| 價值性 | 本益比 | *計算百分等第 | 愈低愈高分 | 15 |
| | 股價淨值比 | *計算百分等第 | 愈低愈高分 | 5 |
| | 現金股利殖利率 | *計算百分等第 | 愈高愈高分 | 10 |
| | 總分 | | | 30 |

註：1.此表最適合用在傳統產業股，至於金融股，由於負債比率過高，且財報表達方式比較特殊，滿分只有80分，使用此種分析方式需稍微調整，而營建股則不適合使用此種分析方式；2.*百分等第為該項財務指標占全體上市櫃公司的排名

　　但上述分析，僅是使用過去的財務數據進行「量」的分析，有關「質」的分析，如經營者的誠信、產業未來的前景等資訊，必須以個案判斷，並無量化模型可以參考。因此，筆者在挑選價值股以前，除了會使用第 5 章的投資策略，先從整體投資環境、產業下去研究，還會使用「丁彥鈞價值股篩選模型評估表」替個股打分數，此外，也會對公司的身家背景做一番調查。筆者依循這樣一套完整的選股方式，過去平均年化報酬率可達 15%，若將成長股也納入投資組合，則報酬率可以提升至 22.7%。

　　接下來各節，筆者將會以自身觀察的個股案例，為讀者一一說明價值股的選股邏輯。

## 6-2 好樂迪》靠差異化扭轉營收衰退劣勢

KTV 業者好樂迪（9943）創立於 1993 年，截至 2018 年 4 月，共有 52 家門市，其中北北基有 23 家，桃竹苗有 6 家，中彰投有 10 家，雲嘉南高屏有 9 家，宜花東有 4 家。好樂迪的營收主要來自北北基，占 6 成，桃竹區占 1 成，中區占 2 成，南區占 1 成，且主要集中於都會區。

### 穩健型價值股，殖利率高達 7%

筆者當初會注意到好樂迪這家公司，是因為 2018 年 5 月時，預計大盤將長期呈現空頭走勢，希望將資產從成長股移往穩定的價值股，故以篩股模型進行評選，因而挑出現金股利殖利率高達 7% 的好樂迪。下面就以「丁彥鈞價值股篩選模型評估表」的 5 個面向分析好樂迪：

### 營收成長性》積極開發消費族群，拓展市占率

KTV 主力消費族群為學生，但近年來受到少子化的影響，學生人數減少，導致

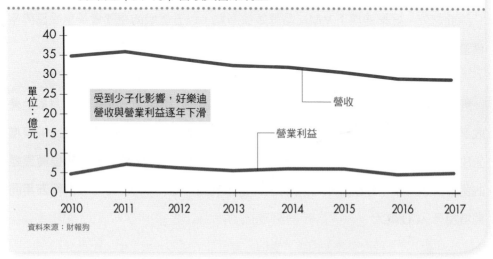

圖1 **2012年起，營收與營業利益逐年下降**
──好樂迪（9943）營收與營業利益

受到少子化影響，好樂迪營收與營業利益逐年下滑

營收

營業利益

單位：億元

資料來源：財報狗

好樂迪的營收年年下滑，與本業有關的營業利益，也是一年比一年低，並非好的投資標的（詳見圖1）。然而這樣的情況，於 2018 年出現轉機。

為了因應少子化的衝擊，好樂迪積極地開發消費族群，向下推出了「我是小歌手」的活動，以爭取兒童市場；向上則關注銀髮族的市場需求，推出適合的產品與服務。

為了與同業競爭，好樂迪專注服務核心，重視消費者的意見回饋，並將回饋資

訊整合歸檔、列表追蹤、改善缺失，以維持服務品質並提升消費者滿意度。

除此之外，好樂迪旗下 V-Mix 品牌效益漸顯，以五星級的視聽奢華享受區隔平價量販客群，以產品差異化的方式來增加市場占有率。

經過一連串的努力，終於在 2018 年看到成效。好樂迪 2018 年前 3 月累計營收 7 億 9,335 萬元，和 2017 年前 3 月累計營收 7 億 7,159 萬元相比，年增 2.82%（（7 億 9,335 萬－7 億 7,159 萬）÷7 億 7,159 萬），成功扭轉衰退的劣勢。2018 年好樂迪前 3 月的累計營業利益 1 億 9,700 萬元，也較去年同期增加 3,700 萬元。

### 獲利成長性》自有品牌有助提升毛利率

2017 年，好樂迪的包廂收入占整體營收的 43.9%，餐飲收入占整體營收的 35.7%，酒水收入占整體營收的 15.85%。毛利率的部分，各項產品差異不大，約 50% 左右。歷年來好樂迪的毛利率約維持在 57% 上下，相當穩定（詳見表 1）。旗下 V-Mix 品牌走奢華風路線，客單價為儉約風的 1.5 倍，對毛利率的提升有些微的幫助。

### 穩定性》營運模式穩健，營業活動現金流量為正值

好樂迪營業外收入主要是轉投資競爭同業錢櫃（8359）的投資收益。雖然列在

## 表1 產品毛利率差異不大，多在50%左右
──好樂迪（9943）各項產品收入與成本表

| 產品 | 收入（千元） | 成本（千元） | 毛利率（%） | 營收占比（%） |
|---|---|---|---|---|
| 包廂 | 1,278,071 | 554,307 | 57 | 43.90 |
| 餐飲 | 1,039,111 | 455,737 | 56 | 35.70 |
| 酒水 | 461,302 | 231,505 | 50 | 15.85 |
| 零售 | 5,698 | 3,018 | 47 | 0.20 |
| 其他 | 126,595 | 7,434 | 94 | 4.35 |
| 總計 | 2,910,777 | 1,252,001 | 57 | 100.00 |

資料來源：好樂迪 2017 年年報

業外，但此項轉投資的投資收益具有常續性，未來的每一年都可以持續貢獻獲利，和其他一次性的營業外收入不同。

2018 年前 3 月，錢櫃的累計營收為 10 億 3,001 萬元，年增 4.29%，將持續挹注好樂迪獲利。惟錢櫃與好樂迪共同轉投資的中國地區，財務績效位於損益兩平之間，未見起色。

營業費用部分，好樂迪的成本控管能力非常強。2018 年 3 月，好樂迪 1,600 位員工中，1,200 位員工採月薪制，平均月薪為 2 萬 6,000 元，高於當時的基本薪資 2 萬 2,000 元。另外 400 位採時薪制的員工，2018 年北部的平均工資

為每小時 145 元，高於基本薪資每小時 140 元，南部時薪制員工的薪水則與基本薪資相同，都是每小時 140 元。雖然人事費用較基本薪資高，但以好樂迪的成本控管能力，對獲利的影響有限。

由於穩健的營運模式，好樂迪連續 5 年，營業活動的現金流量、營業利益、本期淨利均為正數，且均發放現金股利，穩定性分數獲得滿分。

## 安全性》流動比率大於100%

好樂迪 2018 年 3 月底的流動比率 291.44%，大於 100%，短期償債能力無虞。負債比率為 15%，財務結構穩健，安全性分數獲得滿分。

## 價值性》本益比低、現金股利殖利率高

2014 年到 2017 年，好樂迪每年本業的基本每股盈餘（EPS）約為 4.5 元，而現金股利則均為 4 元。2017 年好樂迪的 EPS 為 4.75 元，假設 2018 年的現金股利仍為 4 元，則以 2018 年 5 月 4 日好樂迪股價 55.2 元來計算，本益比約 11 倍（55.2÷4.75），現金股利殖利率近 7%（4÷55.2×100%），極具投資價值。

若使用「丁彥鈞價值股篩選模型評估表」進行分析，以 2018 年 5 月 4 日的股價 55.2 元估算，好樂迪有 93 分（詳見表 2）。

### 表2 好樂迪的價值評比高達93分
──好樂迪（9943）之丁彥鈞價值股篩選模型評估表

| 面向（滿分） | 項目（滿分） | 權重（分） | 總分（分） |
|---|---|---|---|
| 營收成長性<br>（20分） | 月營收月增率>0（5分） | 5 | 20 |
| | 月營收年增率>0（5分） | 5 | |
| | 累計營收年增率>0（10分） | 10 | |
| 獲利成長性<br>（20分） | 毛利率季增率>0（5分） | 5 | 20 |
| | 毛利率年增率>0（5分） | 5 | |
| | 營業利益季增率>0（5分） | 5 | |
| | 營業利益年增率>0（5分） | 5 | |
| 穩定性<br>（20分） | 過去5年營業活動現金流量>0（5分） | 5 | 20 |
| | 過去5年營業利益>0（5分） | 5 | |
| | 過去5年本期淨利>0（5分） | 5 | |
| | 過去5年發放現金股利（5分） | 5 | |
| 安全性<br>（10分） | 流動比率>100%（5分） | 5 | 10 |
| | 負債比率<50%（5分） | 5 | |
| 價值性<br>（30分） | 本益比排名愈低愈高分（15分） | 12 | 23 |
| | 股價淨值比排名愈低愈高分（5分） | 3 | |
| | 現金股利殖利率排名愈高愈高分（10分） | 8 | |
| 總計 | | | 93 |

註：1. 資料統計時間為 2018.05.04；2. 表格數據會依時間與股價不同而有差異

　　再來看好樂迪的股價（詳見圖2）。2018年好樂迪汰弱留強的策略奏效，旗下 V-Mix 品牌的效益漸顯，產品差異化的策略逐漸發酵，成本領導的能力持續保持，使得2018年的營收由衰退轉為成長。好樂迪的股價從55.2元（2018

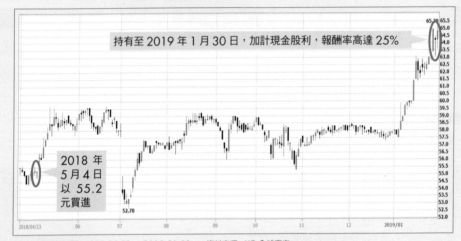

**圖2 好樂迪汰弱留強的策略奏效，股價逐漸攀升**
——好樂迪（9943）股價日線圖

持有至 2019 年 1 月 30 日，加計現金股利，報酬率高達 25%

2018 年 5 月 4 日以 55.2 元買進

註：資料統計時間為 2018.04.23 ～ 2019.01.30　資料來源：XQ 全球贏家

年 5 月 4 日收盤價）漲至 59.7 元（2018 年 6 月 27 日收盤價），漲幅達 8%
（（59.7–55.2）÷55.2×100%）。

好樂迪在 7 月 3 日發完 4 元現金股利之後，股價來到 53.8 元（2018 年 7 月 3 日收盤價），但僅僅花 1 個多月的時間就完成填息。

之後 10 月碰到股災，大盤從 1 萬 1,062 點（2018 年 10 月 1 日盤中高點）

跌到 9,400 點（2018 年 10 月 26 日盤中低點），下跌 1,662 點，跌幅高達 15%。同一時間好樂迪的股價從 58.9 元（2018 年 10 月 1 日盤中高點）跌到 55.3 元（2018 年 10 月 26 日盤中低點），跌幅僅 6%，相對抗跌。截至 2019 年 1 月 30 日，好樂迪收盤價漲至 64.8 元，從 2018 年 5 月 4 日到 2019 年 1 月 30 日，加計現金股利的報酬率為 25%（（64.8-55.2 ＋ 4）÷55.2）。

整體而言，好樂迪算是不錯的標的，建議讀者可於 60 元以下買進持有，每年收取穩定的現金股利，此為風險較低的穩健型價值投資標的。

# 普萊德》擁自有品牌 締造連15年穩定獲利

6-3

普萊德科技（簡稱「普萊德」，股票代號 6263），成立於 1993 年，致力於網路通訊產品的研發與行銷，成功整合語音、數據、影像，提供全方位網路通訊基礎建設解決方案，成為全球網通市場之數位創新領航者。

之所以會注意到這檔股票，是因為 2017 年 4 月 10 日，筆者發現普萊德 2017 年第 1 季各項財務指標表現優異，利用「丁彥鈞價值股篩選模型評估表」搜尋投資標的時，分數相當高，有 91 分，因此在網路上公開推薦。

## 量的分析》財務穩健，惟帳上現金過多、經營較無效率

下面先就「丁彥鈞價值股篩選模型評估表」的 5 個面向分析普萊德：

### 營收成長性》2017年Q1季營收成長

普萊德 2016 年營收為 12 億 8,000 萬元，年成長率約 1%（詳見表 1），

## 表1 2017年Q1季營收成長率，較去年同期增加8%
──普萊德（6263）財務績效

| 項目 | 2014年 | 2015年 | 2016年 | 2017年Q1 |
|---|---|---|---|---|
| 營業收入 | 1,281 | 1,265 | 1,280 | 324 |
| 營業成本 | 841 | 797 | 780 | 200 |
| 營業毛利 | 439 | 468 | 500 | 124 |
| 毛利率（%） | 34 | 37 | 39 | 38 |
| 營業費用 | 159 | 170 | 185 | 43 |
| 營業利益 | 280 | 298 | 315 | 81 |
| 營業外收入 | 22 | 20 | 9 | 2 |
| 營業外支出 | 1 | 0 | 1 | -4 |
| 稅前淨利 | 301 | 318 | 323 | 79 |
| 所得稅 | 56 | 52 | 49 | 13 |
| 本期淨利 | 245 | 266 | 274 | 66 |
| 平均股本 | 613 | 625 | 625 | — |
| 基本每股盈餘（元） | 4.00 | 4.30 | 4.40 | 1.05 |
| 每股現金股利（元） | 3.3 | 3.8 | 3.9 | — |
| 每股股票股利（元） | 0.2 | 0 | 0 | — |
| 盈餘發放率（%） | 88 | 88 | 89 | — |

註：單位未標示者皆為百萬元　　資料來源：公開資訊觀測站

2017年第1季累計營收3億2,449萬元，較去年同期累計營收增加8.09%。

**獲利成長性》毛利率高於同業平均，且基本每股盈餘逐年增加**

　　普萊德擁有高階自有品牌 PLANET，使得 2014 年到 2016 年毛利率分別為

34%、37%、39%，除每年有小幅增加外，也高於同業平均。

　　此外，普萊德 2014 年到 2016 年的營業毛利分別為 4 億 3,900 萬元、4 億 6,800 萬元、5 億元，步步高升；營業利益分別為 2 億 8,000 萬元、2 億 9,800 萬元、3 億 1,500 萬元，逐年增加；基本每股盈餘分別為 4 元、4.3 元、4.4 元，穩定成長。就經營績效來說，普萊德的表現相當亮眼。

### 穩定性》連續15年賺錢

　　普萊德自 2001 年至 2016 年，連續 15 年賺錢，無任何一年虧錢。且除了 2001 年僅發放股票股利外，其餘每年均發放現金股利，相當穩定。

### 安全性》現金占總資產比率高，負債則多為非金融負債

　　再來看到財務結構，2017 年第 1 季普萊德的現金為 11 億 9,585 萬元，占資產總額 15 億 4,220 萬元的 77.5%。普萊德的負債比率為 17.5%，且主要為營業活動而產生的非金融負債，如應付帳款及應付票據，不需要支付利息，財務結構相當穩健。

　　有時候企業倒閉，不是因為企業虧損，而是因為一時的周轉不靈。因此，一家企業應該多保留一些現金，以備不時之需。但是一家企業如果現金過多，又代表企業經營缺乏效率。

　　股東將資金提供給企業，是希望企業可以拿錢來購買機器設備，用這些機器生產存貨，售出以賺取利潤。但普萊德卻將錢擺在銀行領利息，這其實是沒有必要的，因為股東大可自己將錢存在銀行。

　　如果筆者是普萊德的財務長，一定會將帳上的資金做其他規畫，例如轉投資其他上下游公司、投資金融業特別股，或是減資退還現金給股東。話雖如此，普萊德公司結構穩定仍是件好事。

## 價值性》本益比偏低，盈餘分配率近9成

　　普萊德雖然年年獲利，財務結構穩健，但帳上現金太多，經營是比較沒有效率的。因此，市場不願意用過高的價格來購買普萊德公司的股票，導致本益比偏低，只有 10 倍。也因為普萊德的現金過多，每年依據本期淨利提撥法定盈餘公積10% 後，剩下的幾乎全部以現金股利的方式發給股東，盈餘分配率近 9 成，且以現金為主。

　　普萊德 2014 年到 2016 年每年都有發放現金股利，分別發放 3.3 元、3.8 元、3.9 元，3 年平均的現金殖利率高達 7% 以上；而股票股利方面，僅 2014 年發放了 0.2 元。綜合計算，普萊德的盈餘發放率分別為 88%、88%、89%。盈餘發放率高，表示股東可以領到的股息愈多，因此，有許多價值投資人將普萊德當作是定存股。

　　若使用丁彥鈞價值股篩選模型評估表進行分析，以 2017 年 4 月 10 日的財務資料算，普萊德有 91 分（詳見表 2）。

## 質的分析》產品多樣性高，且屢獲肯定

　　看完量的分析，接下來看質的分析。普萊德以自有品牌 PLANET 行銷全球，提供高階、高品質及高附加價值的網路通訊全系列產品，全球行銷網絡遍布五大洲 140 餘國，與各區域經銷商建立綿密而長久的夥伴關係，屢獲全球企業、國防、工業、教育、金融、醫療等領域的採用與肯定，例如 2010 年普萊德曾參與科皮亞波礦難救援行動、獲得各地政府重要標案等。

　　普萊德歷年來多項產品獲得包括英國、德國、波蘭、瑞典、比利時、希臘、俄羅斯、斯洛伐克、以色列、馬來西亞、中國、香港、美國等多國政府、國際展覽及媒體所頒發之優良產品評鑑及最佳產品獎，2004 年起，普萊德產品更連年獲得《台灣精品獎》肯定。

　　由於普萊德的產品具有多樣性，包括乙太網路供電、工業網路、交換器、光纖網路、寬頻網路、無線網路、路由器等產品，應用層面較廣，銷售地區較分散，沒有任何一家客戶的營收占比超過 10%。由於客戶集中度偏低，普萊德的營收相對穩定，經營風險也較低。加上持續投入研發，並行銷自有品牌，普萊德保有其

表2　**普萊德的價值評比達91分**
——普萊德（6263）之丁彥鈞價值股篩選模型評估表

| 面向（滿分） | 項目（滿分） | 權重（分） | 總分（分） |
|---|---|---|---|
| 營收成長性<br>（20分） | 月營收月增率>0（5分） | 5 | 20 |
| | 月營收年增率>0（5分） | 5 | |
| | 累計營收年增率>0（10分） | 10 | |
| 獲利成長性<br>（20分） | 毛利率季增率>0（5分） | 5 | 20 |
| | 毛利率年增率>0（5分） | 5 | |
| | 營業利益季增率>0（5分） | 5 | |
| | 營業利益年增率>0（5分） | 5 | |
| 穩定性<br>（20分） | 過去5年營業活動現金流量>0（5分） | 5 | 20 |
| | 過去5年營業利益>0（5分） | 5 | |
| | 過去5年本期淨利>0（5分） | 5 | |
| | 過去5年發放現金股利（5分） | 5 | |
| 安全性<br>（10分） | 流動比率>100%（5分） | 5 | 10 |
| | 負債比率<50%（5分） | 5 | |
| 價值性<br>（30分） | 本益比排名愈低愈高分（15分） | 11 | 21 |
| | 股價淨值比排名愈低愈高分（5分） | 1 | |
| | 現金股利殖利率排名愈高愈高分（10分） | 9 | |
| **總分** | | | 91 |

註：1. 資料統計時間為 2017.04.10；2. 表格數據會依時間與股價不同而有差異

他企業不可替代且不可模仿的核心競爭力，是一家好公司。

　　但普萊德帳上現金過多，經營缺乏效率。金融負債過低，無法享受稅盾的好處，

**圖1** **2017年4月起，股價逐步攀高**
——普萊德（6263）股價日線圖

2017 年 4 月 10 日
以 53.6 元買進

持有至 2017 年 8 月 30 日，加計現金股利，報酬率高達 9.5%

2017/03/30

註：資料統計時間為 2017.03.30 ～ 2017.09.15　　資料來源：XQ 全球贏家

也無法藉由財務槓桿增加股東權益報酬率，導致普萊德本益比不高，股價偏低。整體而言，普萊德就是一家股價被低估的好公司，非常值得長期投資。

　　2017 年 4 月 10 日筆者推薦普萊德時的股價為 53.6 元，至 2017 年 8 月 8 日除息前，收盤價為 58 元。發了 3.9 元的現金股利後，股價至 2017 年 8 月 30 日績效檢視日為 54.80 元，持有 142 天報酬率為 9.5%，年化報酬率為 24.5%（詳見圖 1）。

# 6-4 **櫻花》**用研發創新 拉抬產品毛利率

台灣櫻花股份有限公司（簡稱「櫻花」，股票代號9911），成立於1988年10月，提供熱水器、廚房配備、產品安檢、維修等服務，在1992年7月上市，資本額22億1,100萬元。櫻花的生產基地以台灣與中國為主，台灣的生產基地位於台中市，共有大雅一廠、大雅二廠、神岡廠、霧峰廠4個工廠，櫻花中國位於江蘇昆山，櫻順衛廚位於廣東順德。截至2018年12月，櫻花在台灣共有1,040位員工，中國有3,200位員工。

之所以會注意到這檔股票，是因為2018年12月時，筆者利用「丁彥鈞價值股篩選模型評估表」搜尋投資標的時，發現櫻花的分數相當高，有91分，才進一步開始研究。

## 量的分析》2011年起營收、獲利逐年成長

下面先就「丁彥鈞價值股篩選模型評估表」的5個面向分析櫻花：

### 表1  2011年起，櫻花營收逐年成長
——櫻花（9911）財務績效

| 項目 | 2011年 | 2012年 | 2013年 | 2014年 | 2015年 | 2016年 | 2017年 |
|---|---|---|---|---|---|---|---|
| 營業收入 | 3,775 | 4,074 | 4,485 | 4,852 | 5,149 | 5,601 | 5,644 |
| 營業成本 | 2,646 | 2,860 | 3,114 | 3,391 | 3,531 | 3,775 | 3,736 |
| 營業毛利 | 1,130 | 1,214 | 1,371 | 1,461 | 1,617 | 1,825 | 1,908 |
| 毛利率（%） | 29.92 | 29.80 | 30.57 | 30.11 | 31.41 | 32.59 | 33.81 |
| 營業費用 | 880 | 928 | 1,000 | 960 | 1,012 | 1,124 | 1,152 |
| 營業利益 | 249 | 286 | 371 | 501 | 606 | 701 | 756 |
| 營業利益率（%） | 6.61 | 7.02 | 8.28 | 10.33 | 11.76 | 12.52 | 13.40 |
| 營業外收入及支出 | 124 | 51 | 198 | 136 | 25 | 148 | 107 |
| 稅前淨利 | 373 | 337 | 570 | 637 | 631 | 849 | 864 |
| 所得稅 | 55 | 58 | 92 | 98 | 114 | 148 | 143 |
| 本期淨利 | 319 | 279 | 478 | 539 | 517 | 701 | 720 |
| 基本每股盈餘（元） | 1.16 | 1.02 | 1.75 | 1.97 | 1.89 | 2.75 | 3.29 |
| 每股現金股利（元） | 0.7 | 0.7 | 1.2 | 1.3 | 1.3 | 2.5 | 2.6 |
| 每股股票股利（元） | 0 | 0 | 0 | 0 | 0 | 0 | 0 |
| 盈餘發放率（%） | 60 | 69 | 69 | 66 | 69 | 91 | 79 |

註：單位未標示者皆為百萬元　　資料來源：公開資訊觀測站

### 營收成長性》營收逐年成長

　　櫻花自 2011 年開始，營收逐年成長，毛利率也逐期上升，從 29.92%，上升至 2017 年的 33.81%（詳見表 1）。而 2018 年前 3 季的毛利率為 34.3%，且持續上升中。

## 表2 2018年僅9月營收較去年同期衰退
──櫻花（9911）月營收

| 月份（月） | 營收（百萬元） | | 去年同期成長率（％） |
|---|---|---|---|
| | 2017年 | 2018年 | |
| 1 | 560 | 563 | 0.4 |
| 2 | 379 | 430 | 13.5 |
| 3 | 450 | 452 | 0.3 |
| 4 | 379 | 376 | -0.8 |
| 5 | 379 | 422 | 11.4 |
| 6 | 440 | 472 | 7.3 |
| 7 | 392 | 453 | 15.6 |
| 8 | 448 | 471 | 5.1 |
| 9 | 470 | 462 | -1.7 |
| 10 | 457 | 517 | 13.2 |
| 11 | 549 | 579 | 5.5 |
| 12 | 742 | – | – |
| 累計 | 5,644 | 5,196 | 6.0 |

註：2018 年 12 月筆者注意到櫻花時，12 月月營收數據尚未公布　　資料來源：證交所

此外，觀察櫻花 2018 年的各月營收，除了 9 月小幅衰退外，其餘各月和 2017 年的同期相比，都是成長的（詳見表 2）。

惟 2017 年 12 月的基期過高，2018 年 12 月的營收有可能月減，但 2018 年整年的營收還是會成長。

## 獲利成長性》營業利益率逐年成長

櫻花的營業利益率逐年成長，從 2011 年的 6.61%，上升至 2017 年的 13.4%。而 2018 年前 3 季的營業利益率 13.04%，高於 2017 年前 3 季 12.46%。單看營業利益的絕對金額，也是逐年成長，步步高升，從 2011 年的 2 億 4,900 萬元，上升至 2017 年的 7 億 5,600 萬元。

## 穩定性》年年配發現金股利

櫻花自 2008 年起，每年皆有配發現金股利，且 2011 年至 2017 年間平均配發 1.47 元，盈餘配發率皆在 60% 以上。依據櫻花 2018 年法說會資訊，未來每年現金股利配發率介於 70% 至 80% 之間。

## 安全性》負債比率持續下降

櫻花 2011 年至 2017 年的流動比率始終大於 100%，短期償債能力無虞。此外，櫻花的負債比率持續下降，財務結構穩健（詳見表 3）。

## 價值性》現金殖利率持續上升

櫻花的現金股利殖利率持續上升，代表股價上漲的幅度，低於現金股利增加的幅度。

若使用「丁彥鈞價值股篩選模型評估表」進行分析，以 2018 年 12 月 10 日

### 表3　2011年起，流動比率皆大於100%

——櫻花（9911）流動比率、負債比率

| 項目 | 2011年 | 2012年 | 2013年 | 2014年 | 2015年 | 2016年 | 2017年 |
|---|---|---|---|---|---|---|---|
| 流動比率（%） | 153.23 | 161.03 | 176.37 | 193.87 | 181.3 | 173.68 | 174.54 |
| 負債比率（%） | 34 | 34 | 33 | 32 | 31 | 31 | 31 |

資料來源：優分析「丁彥鈞智能策略」模型

的財務資料計算，櫻花有91分（詳見表4）。

## 質的分析》透過高階產品拉升毛利率

看完櫻花過去的歷史資料，只能知道它的營收與獲利不斷成長，至於為何成長？則必須深入了解企業的經營模式。

### 創新》國內唯一兼具研發、生產能力的廚衛廠商

櫻花是國內唯一具研發、生產能力的廚衛廠商。為了因應消費者的需求，櫻花陸續著手進行渦輪增壓智能恆溫熱水器、智能雙炫火瓦斯爐等新產品的研發。

由於櫻花持續投入研發創新，新產品的功能更可以滿足客戶需求，雖然產品售價提高，但毛利率也提高。傳統機型售價不到1萬元，毛利率約20%～30%；

### 表4 櫻花的價值評比達91分

——櫻花（9911）之丁彥鈞價值股篩選模型評估表

| 面向（滿分） | 項目（滿分） | 權重（分） | 總分（分） |
|---|---|---|---|
| 營收成長性<br>（20分） | 月營收月增率>0（5分） | 5 | 20 |
| | 月營收年增率>0（5分） | 5 | |
| | 累計營收年增率>0（10分） | 5 | |
| 獲利成長性<br>（20分） | 毛利率季增率>0（5分） | 5 | 20 |
| | 毛利率年增率>0（5分） | 5 | |
| | 營業利益季增率>0（5分） | 5 | |
| | 營業利益年增率>0（5分） | 5 | |
| 穩定性<br>（20分） | 過去5年營業活動現金流量>0（5分） | 5 | 20 |
| | 過去5年營業利益>0（5分） | 5 | |
| | 過去5年本期淨利>0（5分） | 5 | |
| | 過去5年發放現金股利（5分） | 5 | |
| 安全性<br>（10分） | 流動比率>100%（5分） | 5 | 10 |
| | 負債比率<50%（5分） | 5 | |
| 價值性<br>（30分） | 本益比排名愈低愈高分（15分） | 12 | 21 |
| | 股價淨值比排名愈低愈高分（5分） | 1 | |
| | 現金股利殖利率排名愈高愈高分（10分） | 8 | |
| 總計 | | | 91 |

註：1. 資料統計時間為 2018.12.10；2. 表格數據會依時間與股價不同而有差異

新式機型售價 2 萬元上下，毛利率可達 30%～40%。

隨著高階產品的銷量占比增加，櫻花的毛利率逐年上升，帶動營業利益與營業

## 圖1 透過產品差異化政策，同時攻占平價和高端市場
──櫻花集團品牌

資料來源：公開資訊觀測站、2018年櫻花法說會資料

利益率同步提升。

由於產品組合的改變，高售價、高毛利的產品占比增加，使得櫻花的營收、毛利率、營業利益、營業利益率、基本每股盈餘全部逐年增加。

此外，櫻花透過不同的品牌策略，採用產品差異化策略。平價品牌搶攻平價市場，維持高的營收；高階品牌搶攻高端市場，以創造出高額毛利，試圖拿下廚衛

配備整個市場（詳見圖 1）。

## 行銷方式》透過不同銷售通路進軍市場

櫻花透過建設公司、零廚工廠、中盤衛材、量販店面、特約店、生活館等不同的銷售通路，試圖拿下廚衛配備整個市場。根據 2018 年法說會的資料，目前櫻花在台灣廚衛配備產業的市場占有率逾 4 成。

2018 年 8 月櫻花於台中設立首家第四代店「廚藝生活館」，未來預計在台北、高雄拓展，並考慮進軍桃園和台南，預期未來營收將持續成長。

## 海外市場》受惠中國政策，營收和獲利可望成長

雖然櫻花的市場以台灣為主，占整體比重 9 成。但中國方面，受惠中國「京津冀煤改氣」政策（指以天然氣取代煤炭的能源政策）發酵，加上中高端產品行銷及電商搭配實體通路布局帶動下，預期營收和獲利將持續成長。

至於越南市場的拓展，櫻花過去採品牌授權的方式，收入非常少。為了扭轉劣勢，櫻花已於 2018 年 11 月設立籌備處，預計於 2020 年開始發酵。

## 評價》現金殖利率估計可達7%

預估櫻花 2018 年全年的基本每股盈餘為 3.5 元，且會逐年成長，以 2018 年

**圖2 隨著營收、獲利成長，櫻花股價可望更上層樓**
——櫻花（9911）股價日線圖

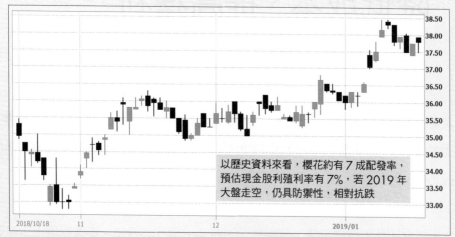

以歷史資料來看，櫻花約有 7 成配發率，預估現金股利殖利率有 7%，若 2019 年大盤走空，仍具防禦性，相對抗跌

註：資料統計時間為 2018.10.18 ～ 2019.01.18　　資料來源：XQ 全球贏家

12 月 10 日的股價 35 元計算，本益比僅 10 倍，股價合理偏低。以 7 成配發率計算，2018 年配發的現金股利預計可達 2.45 元，現金股利殖利率為 7%，若 2019 年大盤走空，仍具防禦性，相對抗跌。

筆者認為，櫻花未來獲利將持續成長，股價有希望更上層樓，各券商報告的目標價介於 37 元到 50 元之間。

# 6-5 **帛漢》** 自動化生產 降低成本、提高獲利

　　帛漢股份有限公司（簡稱「帛漢」，股票代號3299，已下櫃），成立於1992年，致力於生產與設計網路電子相關零組件，為全球最大乙太網路變壓器（LAN Transformer）製造商。

　　之所以會注意到這檔股票，是因為2016年8月31日時，筆者利用「丁彥鈞價值股篩選模型評估表」搜尋投資標的時，發現帛漢的分數相當高，有81分，因此在網路上公開推薦。

## 量的分析》營收衰退，但基本每股盈餘逐年增加

　　下面先就「丁彥鈞價值股篩選模型評估表」的5個面向分析帛漢：

### 營收成長性》2016年起開始小幅衰退

　　帛漢的月營收自2016年開始小幅衰退，表現並不優異（詳見表1）。但因為

### 表1 2016年多數月份營收較去年同期衰退
──帛漢（3299，已下櫃）月營收

| 月份（月） | 2015年（千元） | 2016年（千元） | 去年同期成長率（%） |
|---|---|---|---|
| 1 | 245,419 | 256,664 | 4.6 |
| 2 | 190,702 | 139,702 | -26.7 |
| 3 | 216,913 | 201,038 | -7.3 |
| 4 | 212,275 | 193,096 | -9.0 |
| 5 | 210,172 | 173,809 | -17.3 |
| 6 | 209,869 | 220,508 | 5.1 |
| 7 | 221,740 | 201,335 | -9.2 |
| 8 | 243,090 | — | — |
| 9 | 243,943 | — | — |
| 10 | 225,492 | — | — |
| 11 | 235,214 | — | — |
| 12 | 215,483 | — | — |

註：2016年8月31日筆者注意到帛漢時，8月以後月營收數據尚未公布　　資料來源：玩股網

其他指標的得分幾乎滿分，因此筆者還是決定繼續研究下去。

丁彥鈞價值股篩選模型之所以會加入營收成長性的指標，是因為財報3個月為一期，一年只公布4次，具有時間落後的缺點。而每月營收會在次月10日前公布，較具時效性。也就是說，獲利才是決定股價是否上漲的重點，營收只是用來輔助判斷獲利是否上升的依據。

雖然帛漢 2016 年的累計營收年減 8%，表現不佳，導致模型分數較低，20 分只拿 5 分，但帛漢的獲利卻持續增加。因此筆者相當好奇，是什麼原因使得帛漢的營收減少，獲利卻能逆勢上揚呢？

### 獲利成長性》改進製程，提升毛利率

搜尋新聞及詢問業內朋友後得知，帛漢轉型採用「自動化」生產，導致獲利上升。

台灣的廠商較擅長以成本領導的方式創造獲利。當台灣的工資上漲，就將工廠移往中國，當中國的勞動成本也持續上漲，企業就再將工廠移往東南亞等地……，靠著不斷壓低工資來創造獲利，這也是為什麼台灣工資無法提升的原因之一。

相較於其他企業不斷遷廠，帛漢決定投入研發，改進製程，盡量採用「自動化」生產。受惠於「自動化」的製程有效降低成本，帛漢 2013 年到 2015 年的毛利率分別為 25%、31%、32%，步步高升；營業利益分別為 6,700 萬元、2 億 7,700 萬元、3 億 4,300 萬元，逐年增加；基本每股盈餘分別為 3.08 元、4.71 元、5.75 元（詳見表 2）。

### 穩定性》2015年前連續13年賺錢

帛漢自 2003 年至 2015 年，連續 13 年賺錢，無任何一年虧錢。且每年均發放現金股利，相當穩定。

### 表2　2013年～2015年帛漢營收穩定增長
——帛漢（3299，已下櫃）財務績效

| 項目 | 2013年 | 2014年 | 2015年 |
|---|---|---|---|
| 營業收入 | 2,259 | 2,547 | 2,672 |
| 營業成本 | 1,696 | 1,750 | 1,804 |
| 營業毛利 | 563 | 797 | 868 |
| 營業費用 | 411 | 473 | 477 |
| 營業利益 | 67 | 277 | 343 |
| 稅前淨利 | 80 | 324 | 433 |
| 所得稅 | 26 | 107 | 101 |
| 本期淨利 | 54 | 217 | 332 |
| 平均股本 | 504 | 504 | 554 |
| 基本每股盈餘（元） | 3.08 | 4.71 | 5.75 |
| 每股現金股利（元） | 2.80 | 4.50 | 4.84 |
| 盈餘發放率（％） | 91 | 96 | 84 |

註：單位未標示者皆為百萬元　　資料來源：公開資訊觀測站

## 安全性》流動比率大於100％，短期償債能力無虞

2016年6月底，帛漢的流動比率為214.09％，大於100％，短期償債能力無虞；負債比率為44.34％，尚屬合理，財務結構佳。

## 價值性》現金股利殖利率高達9.6％

筆者於2016年8月31日推薦帛漢時，當天的收盤價為50.5元，以當年度

發放的現金股利 4.84 元計算，現金股利殖利率高達 9.6%，相當吸引人。

若使用「丁彥鈞價值股篩選模型評估表」進行分析，以 2016 年 8 月 31 日的財務資料算，帛漢有 81 分，雖然營收成長性的得分較低，但獲利成長性獲得滿分，經深入分析後推測，帛漢營收減少但獲利仍會持續增加。

除此之外，帛漢的穩定性與安全性也是獲得滿分，而價值性更是獲得 26 分的高分（詳見表 3）。

## 質的分析》提供完整的產品線及服務，並擁有多項專利

看完量的分析以後，再進一步用質的分析進行檢測。帛漢的產品為變壓器、濾波器和轉換器，主要應用在網路通信設備當中，客戶有中磊（5388）、明泰（3380），以及台達電（2308）旗下的達創、華碩（2357）所屬的亞旭等網通廠，此外還有筆記型電腦（NB）代工和主機板廠。

帛漢專注於網路、通訊及電子零組件市場領域，掌握全球 IC 及 3C 產業的時代脈動，發展自有品牌「BOTHHAND」，朝向發揮小零件帶動大世界的目標前進。研發團隊專注於開發設計模組化整合服務，以提高產能、降低成本，提供客戶更完整的產品線及服務，所研發的產品榮獲多項專利。

## 表3　帛漢的價值評比達81分

——帛漢（3299，已下櫃）之丁彥鈞價值股篩選模型評估表

| 面向（滿分） | 項目（滿分） | 權重（分） | 總分（分） |
|---|---|---|---|
| 營收成長性<br>（20分） | 月營收月增率＞0（5分） | 5 | 5 |
| | 月營收年增率＞0（5分） | 0 | |
| | 累計營收年增率＞0（10分） | 0 | |
| 獲利成長性<br>（20分） | 毛利率季增率＞0（5分） | 5 | 20 |
| | 毛利率年增率＞0（5分） | 5 | |
| | 營業利益季增率＞0（5分） | 5 | |
| | 營業利益年增率＞0（5分） | 5 | |
| 穩定性<br>（20分） | 過去5年營業活動現金流量＞0（5分） | 5 | 20 |
| | 過去5年營業利益＞0（5分） | 5 | |
| | 過去5年本期淨利＞0（5分） | 5 | |
| | 過去5年發放現金股利（5分） | 5 | |
| 安全性<br>（10分） | 流動比率＞100%（5分） | 5 | 10 |
| | 負債比率＜50%（5分） | 5 | |
| 價值性<br>（30分） | 本益比排名愈低愈高分（15分） | 13 | 26 |
| | 股價淨值比排名愈低愈高分（5分） | 3 | |
| | 現金股利殖利率排名愈高愈高分（10分） | 10 | |
| 總計 | | | 81 |

註：1. 資料統計時間為 2016.08.31；2. 表格數據會依時間與股價不同而有差異

　　帛漢 2016 年 8 月 31 日推薦日的股價為 50.5 元，股價至 2017 年 3 月 20 日績效檢視日為 71 元，持有 201 天報酬率為 40.6%，年化報酬率為 73.7%（詳見圖 1）。

圖1 **2016年底開始，帛漢股價一路攀升**
——帛漢（3299，已下櫃）股價日線圖

持有至 2017 年 3 月 20 日的
報酬率約有 40.6%

2016 年 8 月 31 日以
50.5 元買進

註：資料統計時間為 2016.08.12 ～ 2017.04.10　　資料來源：Goodinfol 台灣股市資訊網

　　2018 年 6 月 19 日，凱美（5317）、帛漢宣布雙方將換股合併，每 1 股帛漢換發 0.93 股凱美，凱美為存續公司，帛漢已於 2018 年 11 月 29 日起終止櫃檯買賣。

# 6-6 中信金》推動創新服務 財報表現亮眼

中國信託金融控股公司（簡稱「中信金」，股票代號 2891）成立於 2002 年，是台灣金融控股公司之一，由彰化縣鹿港鎮辜家所創辦，現由辜濂松家族握有經營權。中信金旗下包含中國信託商業銀行、台灣人壽保險公司、中國信託綜合證券公司、中國信託創業投資公司、中國信託資產管理公司、中國信託證券投資信託公司、中信保全公司、台灣彩券公司等 8 家子公司。

筆者一向都滿喜歡鑽研金融股，但金融業因行業特性，沒有毛利率等項目，加上其資產與負債也不區分流動與非流動，負債比率原則上都會超過 9 成，故在「丁彥鈞價值股篩選模型評估表」中，金融股的滿分只有 80 分，得分位於 65 分以上就可以考慮買進。而筆者在 2017 年 12 月 29 日，用「丁彥鈞價值股篩選模型評估表」選出 72 分的中信金。

由於中信金的獲利來源主要為子公司中信銀，因此，若想要了解中信金，就必須先了解中信銀。下面將先以質的分析介紹中信銀，再從量的分析評估財務數字。

## 質的分析》積極拓展國內外通路、數位金融服務

中信銀締造了許多令人驕傲的創新服務，例如，台灣第一家發行信用卡的銀行、成立第一家銀行客服中心、首創新台幣外幣兌換機等，憑藉著不斷精進以及創新求變的精神，持續領先金融同業。2017 年中信銀的合併資產規模達 3 兆 7,600 億元，高居台灣所有民營銀行之冠，且銀行品牌價值連續 5 年蟬聯台灣銀行業第一名。

為什麼中信銀能持續締造傲人的績效？我們可以從國內營運、海外營運、導入外商管理策略、信用卡與數位金融等 5 個面向去分析：

### 國內營運》購併萬通商銀，大幅拓展7-ELEVEN通路

2003 年，中信銀以約 195 億 7,000 萬元買下統一集團旗下的萬通商業銀行（以下簡稱「萬通商銀」），購買價格為萬通商銀淨值的 1.18 倍。國際上金融合併案的平均價格為被併銀行淨值的 1.5 倍至 2 倍，相較於國泰商業銀行購併世華聯合商業銀行（合併後更名為國泰世華商業銀行）花了 2.07 倍、富邦銀行購併台北商業銀行付了 1.72 倍，中信銀以非常便宜的價格娶到萬通商銀，奠定了日後發展的基礎，真的是做夢也會笑。

中信銀與萬通商銀簽訂購併合約時有規定，統一集團旗下的 7-ELEVEN 必須使

用中國信託銀行的自動提款機（ATM）。由於 7-ELEVEN 為台灣分店最多的便利商店，截至 2017 年年底，全體總店數達到 5,221 家，此一規定使得中信銀的通路大幅增加，多了很多商機。

此外，7-ELEVEN 的代收代付業務，每天都會帶來大額現金流入，這些金流每天會先存入中信銀，再由中信銀將款項支付給政府或最終收款者。由於 7-ELEVEN 每日存入中信銀的款項是存在活期存款，利率非常低，因此拉低了中信銀整體的資金成本。

### 海外營運》海外放款利率高，拉高存放款利差

中信銀於美國、加拿大、印尼、菲律賓、印度、越南、馬來西亞、香港、新加坡、中國、緬甸及澳洲等地，合計設有 110 處海外分支機構。

此外，中信銀於 2014 年 6 月完成日本東京之星銀行（The Tokyo Star Bank, Ltd.）股權交割，成為東京之星銀行單一股東；2017 年 7 月完成泰國 LH Financial Group Public Company Limited（簡稱「LHFG 金融集團」）35.6% 股權交割，創下台資銀行首宗參股泰國金融機構的紀錄。由於海外的利差較大，為中信銀帶來穩定的淨利息收益。

總括來說，中信銀負債面的資金成本較低，資產面海外的放款利率較高，使得

存放款利差將近 2%，遠高於同業平均。

## 導入外商管理策略》提升競爭力

為了改善內部效率，原花旗銀行高階主管陳聖德及利明獻，前後兩次帶領花旗銀行人馬進駐中信銀，將外商的經營管理策略導入中信銀，也使中信銀的競爭力大幅提升，並獲得「小花旗」的稱號。除了財務績效以外，中信銀也善盡社會責任以及發展嚴密的內控制度，而這些非財務項目的努力，最終都會反映在財務績效上。

## 信用卡》長期以來信用卡用戶數排名全國前3名

中信銀除了是台灣第一家發行信用卡的銀行外，也願意提供消費者極為優惠的回饋來吸引他行客戶，再用優質的服務增加客戶黏著度，鼓勵客戶將資產移到中信銀，藉由存放利差與其他產品手續費收入來賺取利潤。

例如中信銀過去曾與好市多（Costco）、全聯等各大企業合作發行聯名卡。加上當時中信銀預計於 2018 年與連加網路公司（俗稱台灣 LINE Pay 公司）合作發行台灣首張 LINE Pay 信用卡，以最高享 LINE Points 2% 點數回饋吸引客戶。筆者認為此消息有利於中信銀。

種種行銷手法使得中信銀的信用卡用戶數，排名一直在全國前 3 名。

**數位金融》致力推動金融科技服務，榮獲多項大獎**

隨著行動通訊、社群媒體崛起，金融科技（FinTech）浪潮席捲全球，中信銀也不甘於人後，積極推動數位金融。

2016年，中信銀成立區塊鏈實驗室，並加入R3區塊鏈聯盟。事後證明，中信金在數位金融的努力，效益漸顯。2018年3月，挖腳台灣IBM全球企業諮詢服務事業群總經理賈景光出任中信金技術長；2018年4月，推出Home Bank App，截至2018年7月，客戶數已達220萬名。

此外，中信銀亦將金融服務串聯至通訊軟體LINE，只要刷卡就可從LINE上收到訊息；在社群媒體臉書（Facebook）上創立粉絲團，粉絲人數亦為同業第一。

中信銀在數位金融的努力也讓它抱回許多大獎，像是2018年3月，全球著名資訊科技、電信業與消費科技專業機構「國際數據資訊（IDC）」在年度「金融創新服務獎」中，將「亞洲最佳銀行」獎項頒給中信銀；2018年11月，財金公司舉辦的107年度金融資訊系統年會暨成果發表記者會，將「最佳推展卓越獎」和「服務創新獎」頒給中信銀。

從質的分析來看，中信銀經營策略正確，管理階層眼光精準。而這些努力，最終將反映至財務績效上。

## 量的分析》財務結構穩健，服務品質指標表現佳

除了質化的經營理念外，中信銀在量化的財務績效上，也是表現出色。

### 營收成長性》淨手續費收入占營收比率排名第2

2017 年，中信銀衡量服務品質的淨手續費收入占營收比率為 38%，僅次於大眾銀行的 40%，在所有銀行中排名第 2，贏過花旗（台灣）商業銀行與玉山銀行的 35%。

### 獲利成長性》ROE排名第3

2017 年，中信銀的稅前股東權益報酬率（ROE）為 12.8%，在所有銀行中排名第 3。

### 穩定性》2014年起連3年無虧損

中信銀 2014 年到 2016 年均穩定獲利，無任何一年發生虧損。

### 安全性》資本適足率在本土銀行名列第1

一般企業是以負債比率衡量財務結構，但銀行卻是以資本適足率衡量財務結構。資本適足率類似一般企業的權益比率，計算方式是將銀行自有資本淨額除以風險性資產總額，藉以衡量銀行的財務結構與償債能力。中信銀 2017 年年底的資本

表1　**中信金的價值評比達72分**
——中信金（2891）之丁彥鈞價值股篩選模型評估表

| 面向（滿分） | 項目（滿分） | 權重 | 總分 |
|---|---|---|---|
| 營收成長性<br>（20分） | 月營收月增率>0（5分） | 5 | 20 |
| | 月營收年增率>0（5分） | 5 | |
| | 累計營收年增率>0（10分） | 10 | |
| 獲利成長性<br>（20分） | 毛利率季增率>0（5分） | 0 | 10 |
| | 毛利率年增率>0（5分） | 0 | |
| | 營業利益季增率>0（5分） | 5 | |
| | 營業利益年增率>0（5分） | 5 | |
| 穩定性<br>（20分） | 過去5年營業活動現金流量>0（5分） | 5 | 20 |
| | 過去5年營業利益>0（5分） | 5 | |
| | 過去5年本期淨利>0（5分） | 5 | |
| | 過去5年發放現金股利（5分） | 5 | |
| 安全性<br>（10分） | 流動比率>100%（5分） | 0 | 0 |
| | 負債比率<50%（5分） | 0 | |
| 價值性<br>（30分） | 本益比排名愈低愈高分（15分） | 12 | 22 |
| | 股價淨值比排名愈低愈高分（5分） | 3 | |
| | 現金股利殖利率排名愈高愈高分（10分） | 7 | |
| **總計** | | | 72 |

註：1. 資料統計時間為2017.12.29；2. 表格數據會依時間與股價不同而有差異；3. 金融業因行業特性，無毛利率項目，資產與負債也不區分流動與非流動，負債比率原則上都會超過9成，故滿分只有80分

適足率為 16.18%，在所有本土銀行中名列第 1。

　　此外，中信銀 2017 年年底的逾放比率（指逾一定期限未正常繳納本息的放款

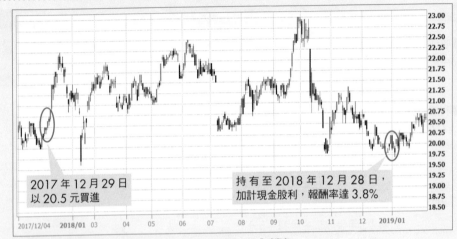

**圖1** 股價波動幅度不大，中信金為穩健的定存股
——中信金（2891）股價日線圖

2017 年 12 月 29 日
以 20.5 元買進

持有至 2018 年 12 月 28 日，
加計現金股利，報酬率達 3.8%

註：資料統計時間為 2017.12.04 ～ 2019.02.14　　　資料來源：XQ 全球贏家

占總放款的比率）為 0.21%，低於台灣銀行業的全體平均數 0.35%。

　　由於中信銀優異的表現，將持續挹注中信金獲利，使得中信金表現優於其他金控。從 2002 年成立至 2017 年，除了 2006 年受雙卡風暴影響，當年虧損未發放現金股利外，其餘的每年均獲利並且發放現金股利。

　　但是，中信金也有被人詬病的地方，就是董監股票設質比率過高，比率將近

40%。大股東辜家將自己持有中信金的股票，拿去銀行質押借錢，再用借到的資金購買中信金的股票，藉以增加持股比率，鞏固經營權。

### 價值性》現金股利殖利率約5%

中信金大股東個人的財務操作，將股票拿去跟銀行借錢，借款利率是3%，為了舒緩財務負擔，筆者推測，中信金之後每年會發5%的現金股利。

雖然金融股因為行業特性，負債比率過高，在安全性方面不適用「丁彥鈞價值股篩選模型評估表」，但中信金經營能力強、財務績效佳、現金殖利率約5%，整體而言，是一檔適合長期投資的個股。

原則上中信金就是很標準的定存股，股利加上價差，平均每年有7%的報酬。若是在2017年12月29日以股價20.5元買進，則持有至2018年12月28日的股價為20.2元，加計現金股利1.08元，報酬率為3.8%。即使2018年10月發生股災，持有中信金仍享有正的報酬率。

# 6-7 華固》建案銷售率高 可望挹注獲利成長

華固建設（簡稱「華固」，股票代號 2548）成立於 1989 年，推案地區以台北市為主。雖然華固是營建股，不適合用「丁彥鈞價值股篩選模型評估表」分析，但讀者仍可參考筆者的選股邏輯，在營建股中挑出不錯的價值股。

## 加總每股淨值、未來 5 年 EPS，評估營建股合理價值

要評估一家建設公司合理的股價，除了用本益比與現金殖利率計算外，最準確的方式，就是把未來所有建案的獲利全部加總，用每股淨值＋未來 5 年的基本每股盈餘（EPS），估計這家公司的合理價值，再與目前股價相比，決定投資決策。至於未來各建案的 EPS 如何計算？可以從財報與法說會資料中找到答案。

2018 年 12 月 20 日筆者參加華固的法說會後認為，華固同時具備產業的專業度與敏感度，正派經營、品質保證、形象良好且投資謹慎，推出的建案不用擔心滯銷。惟台灣房地產景氣不若之前熱絡，平均毛利率介於 25% ～ 30%。華固

於法說會中表示，2019 年已售建案的營收為 150 億元，平均毛利率為 26%～28%，營業利益率為 22% 左右，可推測 2019 年的營業利益為 33 億元。由於土地交易部分是繳土地增值稅，房屋交易部分是繳營利事業所得稅，故稅率以 15% 估計，本期淨利為 28 億 500 萬元，再除以股本 27 億 7,000 萬元，EPS 逾 10 元（28 億 500 萬÷（27 億 7,000 萬÷10））。然而，根據過去的經驗，法說會的看法都比較保守，推測華固實際的毛利率有機會達到 30%。

　　筆者依據法說會資料、財報數據、券商報告、實價登錄等資訊，編製華固各建案獲利預估表（詳見表 1）。華固名鑄預計於 2019 年第 2 季完工，毛利率應有 35% 到 40%，估計全案 EPS 為 6.1 元，已售出 9 成以上，將挹注 2019 年 EPS 5.5 元；華固樂慕已完銷，待 2019 年第 2 季完工後，全案將貢獻 EPS 2.9 元。華固表示，建案通常如期完工，且這兩個建案都會迅速交屋，獲利會認列在 2019 年；華固新代田全案 EPS 2.2 元，已售出 6 成以上，預計於 2019 年第 4 季完工，約可挹注 2019 年 EPS 1.4 元，若交屋時程較慢，可能會遞延認列獲利。

　　然而，剛剛估計 2019 年三案合計可貢獻的 EPS 為 9.8 元，是指已售出的部分。隨著餘屋陸續去化（指賣出），估計華固天鑄可於 2019 年挹注 EPS 1.5 元，華固新天地可於 2019 年挹注 EPS 1 元，因此，2019 年的 EPS 估計為 12.3 元（因採四捨五入計算，小數點後會有誤差）。但這還是比較保守的算法，若毛利率高於法說會預期，則 2019 年華固的 EPS 有機會挑戰 14 元。

表1　**2019年基本每股盈餘估計超過12元**

| 建案 | | 地區 | 總銷金額（億元） | 已銷售率（%） | 待售金額（億元） |
|---|---|---|---|---|---|
| 成屋推案 | 華固華城 | 新北市新店區 | 30 | 98 | 0.6 |
| | 華固天鑄 | 台北市天母區 | 138 | 52 | 65.8 |
| | 華固新天地 | 台北市景美區 | 120 | 80 | 23.9 |
| | 華固一品 | 中國成都市 | 23 | 67 | 7.7 |
| | 沙河灣 | 中國成都市 | 30 | 96 | 1.3 |
| 預售屋推案 | 華固新代田 | 新北市土城區 | 42 | 60 | ─ |
| | 華固名鑄 | 台北市松山區 | 80 | 90 | ─ |
| | 華固樂慕 | 台北市中山區 | 50 | 100 | ─ |
| | 碧湖天 | 台北市內湖區 | 20 | 100 | ─ |
| | 華固敦品 | 台北市松山區 | 50 | 30 | ─ |
| 建構中 | 華固亞太置地 | 台北市中山區 | 80 | ─ | ─ |
| | 華固斐儷 | 台北市北投區 | 47 | ─ | ─ |
| | 潭美辦公案 | 台北市內湖區 | 33 | ─ | ─ |
| | 江翠案 | 新北市板橋區 | 42 | ─ | ─ |
| | 潭美住宅案 | 台北市內湖區 | 62 | ─ | ─ |
| | 承德路案 | 台北市北投區 | 16 | ─ | ─ |
| | 學府案 | 台北市大安區 | 32 | ─ | ─ |
| | 信義光復案 | 台北市信義區 | 42 | ─ | ─ |
| | 三多案 | 高雄市苓雅區 | 60 | ─ | ─ |
| | | | | 合計 | |

註：1.2019、2020 年 EPS 因採四捨五入計算，小數點後會有誤差；2.華固一品、沙河灣 EPS 認列在 2017 年前，故貢獻為 0 元；3.三多案仍在建購中，入帳時間可能在 2023 年以後

——華固（2548）建案獲利預估表

| 預估挹注EPS（元） | | | | | | |
|---|---|---|---|---|---|---|
| 2018年 | 2019年 | 2020年 | 2021年 | 2022年 | 2023年 | 合計 |
| 0.5 | – | – | – | – | – | 0.5 |
| 1.5 | 1.5 | 1.5 | – | – | – | 4.5 |
| 1.0 | 1.0 | – | – | – | – | 2.0 |
| – | – | – | – | – | – | 0.0 |
| – | – | – | – | – | – | 0.0 |
| – | 1.4 | 0.8 | – | – | – | 2.2 |
| – | 5.5 | 0.6 | – | – | – | 6.1 |
| – | 2.9 | – | – | – | – | 2.9 |
| – | – | – | 1.4 | – | – | 1.4 |
| – | – | – | 2.0 | 1.0 | – | 3.0 |
| – | – | 4.3 | 1.0 | – | – | 5.3 |
| – | – | – | – | 3.1 | – | 3.1 |
| – | – | – | 1.8 | – | – | 1.8 |
| – | – | – | – | 2.2 | – | 2.2 |
| – | – | – | – | 3.3 | – | 3.3 |
| – | – | – | – | 0.9 | – | 0.9 |
| – | – | – | – | – | 1.7 | 1.7 |
| – | – | – | – | – | 2.2 | 2.2 |
| – | – | – | – | – | – | 0.0 |
| 3.0 | 12.3 | 7.2 | 6.2 | 10.5 | 3.9 | 43.1 |

華固 2018 年 9 月底每股淨值為 53 元，加上 2018 年第 4 季的 EPS 1 元、預售屋已售的 12.3 元，華固的價值至少有 66.3 元（53 ＋ 1 ＋ 12.3），而目前華固股價 65 元（2018 年 12 月 19 日收盤價），低於本身的價值。筆者預估，華固自 2019 年開始，未來 5 年的 EPS 分別為 12.3 元、7.2 元、6.2 元、10.5 元、3.9 元，合計 40.1 元，加上 2018 年年底的每股淨值 54 元，華固有 94.1 元的價值，以 2018 年 12 月 19 日收盤價 65 元衡量，仍有上漲的空間。

## 無論景氣好壞，2000 年起華固每年皆有獲利

要知道筆者只能提供資訊估算企業的合理價值，無法保證股價一定會上漲。若景氣衰退，大盤轉空，投資人將面臨什麼風險呢？我們可以用華固的歷史資料來分析（詳見表 2）。自 2000 年起，經歷數個景氣循環，華固 18 年來每年賺錢，平均每年賺 7 元，獲利最差的一年為 2003 年，EPS 為 0.13 元。

股利的部分，華固自 2000 年開始，連續 18 年每年均發放現金股利，平均每年發放 4 元。近期股利政策改以現金股利為主，自 2009 年起，每年現金股利金額均在 5 元以上。若以 2018 年 12 月 19 日的收盤價 65.2 元計算，現金殖利率近 7.6%，優於其他定存股。即使 2018 年的 EPS 低於 5 元，管理階層表示，仍有機會發放 5 元的現金股利。換句話說，華固進可攻、退可守，受惠 2019 年

### 表2 自2000年起年年發放現金股利
——華固（2548）獲利與股利

| 年度 | EPS（元） | 每股現金股利（元） | 每股股票股利（元） | 每股股利總和（元） | 股利發放率（％） |
|------|-----------|--------------------|--------------------|--------------------|------------------|
| 2000 | 5.40 | 2.00 | 2.00 | 4.00 | 74 |
| 2001 | 2.38 | 1.20 | 1.00 | 2.20 | 92 |
| 2002 | 0.29 | 0.50 | 0 | 0.50 | 172 |
| 2003 | 0.13 | 0.20 | 0.80 | 1.00 | 769 |
| 2004 | 3.09 | 2.01 | 0.50 | 2.51 | 81 |
| 2005 | 7.34 | 3.60 | 1.00 | 4.60 | 63 |
| 2006 | 7.09 | 4.00 | 1.60 | 5.60 | 79 |
| 2007 | 10.56 | 5.50 | 1.50 | 7.00 | 66 |
| 2008 | 11.03 | 4.91 | 0 | 4.91 | 45 |
| 2009 | 10.83 | 5.96 | 0.60 | 6.56 | 61 |
| 2010 | 11.31 | 6.19 | 0.30 | 6.49 | 57 |
| 2011 | 10.38 | 5.60 | 0.20 | 5.80 | 56 |
| 2012 | 6.10 | 5.00 | 0 | 5.00 | 82 |
| 2013 | 11.08 | 5.50 | 0 | 5.50 | 50 |
| 2014 | 5.08 | 5.00 | 0 | 5.00 | 98 |
| 2015 | 9.59 | 5.50 | 0 | 5.50 | 57 |
| 2016 | 8.73 | 5.60 | 0 | 5.60 | 64 |
| 2017 | 7.87 | 5.20 | 0 | 5.20 | 66 |

資料來源：公開資訊觀測站

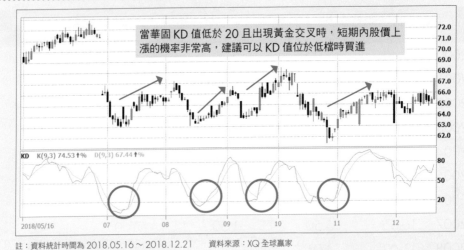

圖1 **2019年獲利預估將大幅成長,股價可望跟著上揚**
——華固(2548)股價日線圖

當華固 KD 值低於 20 且出現黃金交叉時,短期內股價上漲的機率非常高,建議可以 KD 值位於低檔時買進

KD K(9,3) 74.53↑% D(9,3) 67.44↑%

2018/05/16

註:資料統計時間為 2018.05.16 ~ 2018.12.21　　資料來源:XQ 全球贏家

獲利爆發,股價有機會上漲,投資人可以賺取價差。即使股價不漲,投資人也可以每年領取現金股利。以長期投資的觀點,算是風險低、報酬高,非常值得投資。

　　至於應該於何時買進呢?依據華固 2018 年 5 月至 12 月的歷史資料來看,當 KD 值低於 20 且出現黃金交叉時,短期內股價上漲的機率非常高,建議可以 KD 值位於低檔時買進。如果怕股價一路上漲,永遠不回頭,則可以利用第 5 章的分批買進法先買進一部分(詳見圖 1)。

# 第7章

# 買進潛力飆股
# 搭成長列車

# 成長股挖掘原則》用閒聊法
7-1 找年獲利成長逾30%好公司

　　若使用財務指標挑選股價被低估的價值股，通常1年的報酬率可以達到15%。投資人若希望報酬率超越15%，則必須將部分的資產配置在成長股上。

## 投資成長股風險較高，不適合向下攤平

　　雖然成長股的預期報酬率較高，但風險也相對較高。一旦景氣反轉，或分析錯誤，股價也有可能大幅下跌。

　　因此，在買賣決策上，價值股可以向下攤平，愈跌愈買。但成長股不適用向下攤平，當股價下跌時，只能停損。這點必須提醒讀者注意。

　　筆者將成長股定義為「獲利大幅成長的股票」。如果一家公司的獲利每年增加30%以上，或是轉虧為盈，導致股價大幅上漲，超過50%，就是筆者所認定的成長股。

　　要找尋成長股的方法非常困難，單靠第 4 章的財務比率分析是無法找出成長股的。而筆者自己發掘成長股的方式，就是常常閱讀新聞、雜誌、券商報告等來收集資訊。但得到消息後不能照單全收，還是要自己消化吸收，因為市場上充斥著假消息，還必須靠經驗去分辨。

　　不同的產業、不同的公司，只要獲利大幅成長，都有機會成為成長股。但散戶往往要等到財報公布，消息見報一陣子以後，才有辦法知道哪檔股票是成長股。而影響一家企業獲利的因素甚多，包括總體經濟、政府政策、產業鏈供需關係、企業經營策略等等，並無一套合理而且有系統的邏輯。

## 廣泛收集資訊、和投資好手交流，才能找出成長好股

　　然而，菲利普‧費雪（Philip Fisher）於《非常潛力股》（Common Stocks and Uncommon Profits and Other Writings）一書中，建議大家找尋成長股的方式，就是多和產業專家閒聊，收集資訊，藉以發掘潛力股。因此，筆者加入多個 LINE 投資群組，裡面有擅長不同領域的箇中好手，當發現好標的時，我們會互相討論，判斷該標的是否為潛力股。筆者將於第 9 章介紹這些投資績效優異的戰友，供讀者參考。多向這些高手學習，互相討論，可以提高挖掘潛力股的機會。

　　一般的書籍，為了方便推廣，通常會把作者描寫的神通廣大，上知天文，下知

地理。但這裡必須誠實告知，筆者的專長在金融與營建業，過去推薦的電子股，除了自己深入研究外，幾乎都與 5 位以上的產業專家討論過，參考不同面向的看法，最後才產生自己的判斷。

　　以下列舉幾個挖掘成長股的分析邏輯，供讀者參考。但讀者要注意，成長股的買進時機點非常重要，買在錯誤的時點，很容易發生公司獲利成長但股價下跌的悲劇。因此建議讀者，應該要熟悉第 8 章的現金股利折現模型（詳見 8-5），預估成長股未來的獲利，計算合理的目標價，並以低於目標價 20% 以下的價格買進，預留一些安全邊際，才能降低投資賠錢的風險。且景氣反轉向下時，必須持續降低成長股的持股比重，保留資金，才有本錢在股價落底時加碼。

　　接下來的章節將舉幾個筆者曾經公開推薦的標的，供讀者參考學習。

# 7-2 博智》積極提升製程能力帶動營收與獲利成長

博智（8155）成立於1995年，前身為「嘉孚電子」，主要股東為仁寶（2324）及研華（2395），從事印刷電路板之製造及加工買賣，終端應用包含伺服器（Server，占7成）及工業電腦（IPC，占3成），客戶包含神達（3706）、緯創（3231）、Supermicro、研華、安勤（3479）等國內外Server及IPC製造商。

筆者是用第6章的「丁彥鈞價值股篩選模型評估表」找到博智的，沒想到它後來的績效表現特別好，超越一般價值股。筆者曾於2017年8月30日於網路上公開推薦博智，當天的收盤價為65.9元。下面先來看博智量的分析：

## 量的分析》獲利上升，將可帶動本益比下降

### 營收成長性》2017年3月起營收呈步步高升趨勢

博智2017年的營業收入穩定成長，2017年的月營收，每月年增2成左右。2017年1月到7月的營收為12億2,300萬元，和2016年同期的9億7,600

### 表1　2017年1～7月營收較去年同期呈雙位數成長
——博智（8155）月營收

| 月份（月） | 營收（百萬元） | | 相較去年同期營收成長率（％） |
| --- | --- | --- | --- |
| | 2016年 | 2017年 | |
| 1 | 134 | 165 | 23.5 |
| 2 | 120 | 161 | 33.7 |
| 3 | 137 | 169 | 24.0 |
| 4 | 145 | 174 | 19.8 |
| 5 | 147 | 179 | 21.2 |
| 6 | 148 | 182 | 23.0 |
| 7 | 145 | 193 | 32.6 |
| 8 | 147 | — | — |
| 9 | 149 | — | — |
| 10 | 152 | — | — |
| 11 | 156 | — | — |
| 12 | 161 | — | — |

註：2017年8月30日筆者注意到博智時，8月以後月營收數據尚未公布　　資料來源：網龍大富翁

萬元相比，年增25%。

　　而且，博智2017年除了2月的工作天數較少以外，3月的營收大於2月的營收，4月的營收大於3月的營收，5月的營收大於4月的營收，6月的營收大於5月的營收，7月的營收大於6月的營收，呈現步步高升的趨勢（詳見表1）。因此博智在營收成長的面向，獲得20分的滿分。

### 表2 2017年Q2毛利率、營業利益相較去年同期成長
——博智（8155）獲利表現

| | 2016.Q2 | 2016.Q3 | 2016.Q4 | 2017.Q1 | 2017.Q2 |
|---|---|---|---|---|---|
| 毛利率（％） | 20.10 | 18.40 | 20.52 | 19.21 | 22.93 |
| 營業利益率（％） | 11.64 | 9.78 | 11.80 | 11.22 | 15.00 |
| 營業利益（千元） | 51,302 | 43,108 | 55,232 | 55,586 | 80,265 |

資料來源：公開資訊觀測站

## 獲利成長性》2017年Q2獲利表現良好

博智 2017 年第 2 季的毛利率為 22.93%，高於 2016 年第 2 季的毛利率 20.10%，也高於 2017 年第 1 季的毛利率 19.21%。

2017 年第 2 季的營業利益為 8,026 萬元，高於 2016 年第 2 季的營業利益為 5,130 萬元，也高於 2017 年第 1 季的營業利益為 5,558 萬元（詳見表 2）。

## 穩定性》連續6年發放股利

博智自 2011 年開始，連續 6 年每年的營業活動現金流量、營業利益、本期淨利均為正數，且每年都有發放現金股利，穩定性各項均為滿分（詳見表 3）。

## 安全性》流動比率大於100%

博智 2017 年第 2 季的流動比率大於 100%，短期償債能力合格。負債比率低

## 表3 2011年起營業活動現金流量皆為正數
—— 博智（8155）財務數字

| | 2011年 | 2012年 | 2013年 | 2014年 | 2015年 | 2016年 |
|---|---|---|---|---|---|---|
| 營業活動現金流量（千元） | 243,378 | 240,752 | 116,158 | 141,794 | 261,367 | 161,996 |
| 營業利益（千元） | 81,256 | 139,022 | 84,251 | 142,454 | 106,099 | 198,025 |
| 本期淨利（千元） | 88,927 | 136,807 | 92,938 | 133,745 | 92,683 | 162,631 |
| 現金股息合計（元） | 0.20 | 1.50 | 1.60 | 2.00 | 2.00 | 2.93 |
| 股票股利合計（元） | 0.50 | — | — | — | — | — |

資料來源：公開資訊觀測站

## 表4 長期負債比率皆低於50%
—— 博智（8155）流動比率與負債比率

| | 2016.Q2 | 2016.Q3 | 2016.Q4 | 2017.Q1 | 2017.Q2 |
|---|---|---|---|---|---|
| 流動比率（%） | 179.46 | 190.20 | 184.32 | 196.34 | 165.73 |
| 負債比率（%） | 34 | 33 | 35 | 33 | 39 |
| EPS（元） | 0.89 | 0.97 | 0.65 | 0.73 | 1.43 |

資料來源：公開資訊觀測站

於 50%，財務結構合理（詳見表 4）。

### 價值性》本益比偏高，但仍在合理範圍

博智 2016 年第 3 季至 2017 年第 2 季的 EPS 分別為 0.97 元、0.65 元、0.73 元、1.43 元，合計共 3.78 元，以 2017 年 8 月 30 日的收盤價 65.9 元計算，

| 表5 | 博智的價值評比達83分 |
|---|---|

——博智（8155）之丁彥鈞價值股篩選模型評估表

| 面向（滿分） | 項目（滿分） | 權重（分） | 總分（分） |
|---|---|---|---|
| 營收成長性（20分） | 月營收月增率>0（5分） | 5 | 20 |
| | 月營收年增率>0（5分） | 5 | |
| | 累計營收年增率>0（10分） | 10 | |
| 獲利成長性（20分） | 毛利率季增率>0（5分） | 5 | 20 |
| | 毛利率年增率>0（5分） | 5 | |
| | 營業利益季增率>0（5分） | 5 | |
| | 營業利益年增率>0（5分） | 5 | |
| 穩定性（20分） | 過去5年營業活動現金流量>0（5分） | 5 | 20 |
| | 過去5年營業利益>0（5分） | 5 | |
| | 過去5年本期淨利>0（5分） | 5 | |
| | 過去5年發放現金股利（5分） | 5 | |
| 安全性（10分） | 流動比率>100%（5分） | 5 | 10 |
| | 負債比率<50%（5分） | 5 | |
| 價值性（30分） | 本益比排名愈低愈高分（15分） | 7 | 13 |
| | 股價淨值比排名愈低愈高分（5分） | 2 | |
| | 現金股利殖利率排名愈高愈高分（10分） | 4 | |
| 總計 | | | 83 |

註：1. 資料統計時間為2017.08.30；2. 表格數據會依時間與股價不同而有差異

博智的本益比約為17倍，雖然偏高，但相對於爆發性的成長率，股價仍屬合理。以當年度發放的現金股利2.93元計算，現金殖利率4.4%，仍在可接受的範圍內。

若使用「丁彥鈞價值股篩選模型」評估，博智有83分，表示博智在營收成長性、

圖1 **隨著獲利成長,股價也一路攀升**
——博智(8155)股價日線圖

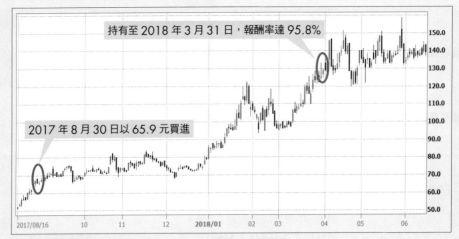

持有至2018年3月31日,報酬率達95.8%

2017年8月30日以65.9元買進

註:資料統計時間為2017.08.16～2018.06.15　　資料來源:XQ全球贏家

獲利成長性、穩定性、安全性都表現亮眼,獲得滿分(詳見表5),因此市場願意用較高的價格買進博智,導致博智股價較高。惟筆者相信,未來博智的獲利會大幅成長,基本每股盈餘(EPS)會上升,使得未來的本益比下降,因此於2017年8月30日在網路上公開推薦博智,當天的收盤價為65.9元。

由於博智積極提升高階技術製程能力及良率,並且獲得客戶認證,加上印刷電路板之平均層數不斷增加,使得博智營收與獲利持續成長,帶動股價一起上漲。

　　買進後的 1 年，博智 2017 年第 3 季至 2018 年第 2 季的 EPS 分別為 1.9 元、2.11 元、2.13 元、2.84 元，合計共 8.98 元，以 2017 年 8 月 30 日的收盤價 65.9 元計算，本益比才 7.3 倍，一點都不貴。再次說明本益比是否合理，應以未來的 EPS 計算才正確。

　　由於獲利成長，股價當然也就跟著上漲，至 2018 年 3 月 31 日績效檢視日，短短 213 天，股價已漲到 129 元，報酬率 95.8%，年化報酬率 164%，超乎筆者預期。原則上採用丁彥鈞價值股篩選模型選股，平均年化報酬率只有 15%，但博智的股價卻大幅上漲，至 2018 年 5 月 30 日甚至漲到 158.5 元的高點（詳見圖 1）。

## 7-3 **宏盛》**每股淨值低於股價 布局獲利空間大

宏盛建設股份有限公司（簡稱「宏盛」，股票代碼 2534）成立於 1986 年，以興建公寓及住宅大樓為主力，在 1996 年掛牌上市。

2017 年 7 月 9 日《經濟日報》報導，「宏盛建設（2534）董座林祖郁在股東會上表示，今年公司兩大案相繼入帳，對後續業績樂觀以待；法人表示，兩大案（指「宏新世界一期」、「宏盛新世界二期」）可貢獻宏盛逾百億元營收，估計獲利逼近一個股本……林祖郁說，總銷 110 億元的「宏盛新世界二期」，6 月申請使照，預計 8 月拿到使照、10 月交屋，該案銷售率達 7 成，將是下半年主要業績來源……」

看到這則報導以後，筆者不禁感到懷疑，「獲利逼近一個股本」表示宏盛的基本每股盈餘（EPS）為 10 元，但是當時宏盛的股價才 19.65 元（2017 年 7 月 7 日收盤價，2017 年 7 月 9 日為星期天，股市未開盤），有這麼好康的事？於是開始研究這家公司。

　　筆者研究後發現，宏盛的建案多在新北市淡水區，而淡水給人的印象是投資客很多、點燈率很低，整個淡海新市鎮像鬼城一樣，生活機能落後，加上聯外道路交通擁擠，無高速公路舒緩車流，距離市中心遙遠等缺點，使得淡水的房價和市中心一直有一段很大的差距。筆者詢問過很多朋友，願意在淡水購屋的比率極低，對淡水後勢的房價也不看好。當筆者進一步和朋友討論是否買進宏盛的股票時，每位朋友都發自內心想勸退筆者，當時（2017 年）甚至連《Smart 智富》月刊的記者，也建議筆者換一下標的，不要在雜誌上公開推薦宏盛。

　　但筆者不為所動，開始檢視宏盛過去的獲利情況。宏盛 2013 年、2014 年、2015 年、2016 年的 EPS 分別為 -0.25 元、-0.4 元、0.68 元、1.46 元，表現得很普通，毫無亮點。加上市場上普遍認為政府會出手打房，使整體房市成交量下滑、售價下降，導致宏盛的股價一直漲不上去。

　　當筆者聽到朋友的建議，以及看到宏盛過去的經營績效以後，不但沒有覺得失望，反而感到非常開心。一家優質的公司，若市場上都一致看好，通常股價就已經漲上去了，若是在這個時候買進，由於持有成本過高，預期的報酬率就下降了。反而是像宏盛這種被看衰的公司，股價可能被市場低估，如果未來的獲利超過市場預期，股價反而有機會可以翻倍。

　　於是筆者採用第 5 章提到的投資策略，先從整體營建業來做產業分析，再進一

步用財務比率等資訊判斷宏盛是否值得投資。

## 產業分析》市場利率維持低檔，有利刺激房市買氣

筆者認為，受惠於中央銀行前總裁彭淮南自 2015 年以來一路採取降息策略，加上短時間也看不到升息的跡象影響，市場的利率會持續維持在低檔。當時房貸利率多低於 2%，最低者甚至有 1.6%，有利刺激房地產買氣。此外，2016 年台灣政黨輪替後，民進黨政府並沒有推行激烈的打房政策，使得整體營建業的景氣沒有社會大眾想像得那麼差。

## 財務比率分析》每股淨值接近股價

房地產若採預售屋的方式，建設公司在房屋未完工前，會先預收一筆訂金，帳上列為建設公司的負債，等到完工交屋後，建設公司收到尾款，再將預收的訂金轉為收入。因此，投資人可以參考資產負債表上「合約負債」（實行《國際財務報導準則》（IFRSs）以前會計科目為「預收收入」）的金額，判斷建設公司預售屋銷售的情況，或是預估未來營收的金額。

從宏盛 2017 年第 2 季合併報表可以看出，宏盛的預收房地款（包括訂金、簽約金、用印費用、完稅金額等）有 24 億元，大約為成交價的 2 成到 3 成。若未

來每位購屋者都選擇到期交屋，以 24 億元除以 20%，可以推估宏盛將有 120 億元的營收。以 2017 年上半年毛利率 50%，淨利率 40% 來估計，下半年可再貢獻 EPS 8 元。由於宏盛 2017 年上半年每股已賺 2.55 元，若下半年再賺 8 元，EPS 的確有可能超過 1 個股本，可見法人不是空口說白話。

再看到資產的部分，宏盛在 2017 年第 2 季尚有 200 億元的存貨可以出售，另有帳面價值 70 億元、公允價值 100 億元的投資性不動產，合計占總資產的 9 成。由於營建業可以養地，不像高科技產業有技術落後、產品過時的問題。即使景氣不佳，建商將推案的時程延後就好，資產減損的機率不高。

2017 年第 2 季，宏盛的權益總額為 105 億 4,576 萬元，股本為 58 億 9,091 萬元，宏盛的股票面額為 10 元，可以算出宏盛的流通在外股數為 5 億 9,091 萬股（58 億 9,091 萬 ÷10），每股淨值則為 17.8 元（105 億 4,576 萬 ÷5 億 9,091 萬）。

由於宏盛的每股淨值與股價接近，因此筆者評估，若以當時的價格（2017 年 7 月 7 日收盤價為 19.65 元）買進宏盛，大虧的機率應該不高，因此筆者開始大量買進。

筆者進一步深入研究後發現，宏盛建案新世界二期位於漁人碼頭旁邊，有一條

### 表1 預售推案多半在新北市淡水區

| | 建案 | 地區 | 總營收<br>（億元） | 待售金額<br>（億元） |
|---|---|---|---|---|
| 成屋<br>推案 | 仁愛帝寶 | 台北市大安區 | — | 8.9 |
| | 宏盛陽明 | 台北市士林區 | 40.0 | 11.1 |
| | 得意山莊微風區 | 台北市北投區 | 12.0 | 6.4 |
| | 宏盛帝境 | 新北市新莊區 | 16.0 | 2.9 |
| | 新世界一期 | 新北市淡水區 | 50.0 | 5.1 |
| | 新世界二期 | 新北市淡水區 | 110.0 | 37.5 |
| 預售<br>推案 | 得意山莊春風區 | 台北市北投區 | 22.0 | 15.5 |
| | 海洋都心二期 | 新北市淡水區 | 10.0 | 1.2 |
| | 海洋都心三期中央花園 | 新北市淡水區 | 18.0 | 16.8 |
| | 宏盛新世界三期水悅 | 新北市淡水區 | 105.0 | 51.7 |
| 建構中 | 汐止智1 | 新北市汐止區 | — | 36.1 |
| | 海上皇宮 | 新北市淡水區 | 34.9 | 34.9 |
| | 裸心納景 | 台北市北投區 | — | 3.7 |
| | 建北案帝璽 | 台北市中山區 | — | 59.7 |
| | 黃金海岸 | 新北市淡水區 | 400.0 | — |
| 出租 | 宏盛國際金融中心（捷四聯<br>合開發案）／信義帝寶 | 台北市中山區／<br>台北市信義區 | — | — |

註：1.此表是筆者在 2017 年下半年做的估計，與現有實際情況可能不符；2.「汐止智1」、「裸心納景」、「建北案帝璽」、「黃金海岸」等建

公司田溪蜿蜒而過，風景幽美。而且附近的便利商店愈來愈多，生活機能逐漸改善，和朋友口中説的「鬼城」有落差。加上，台北著名的豪宅指標「帝寶」，就是宏盛的代表作，因此推論宏盛蓋的房子品質不會太差，新聞報導所述的銷售率 7 成應屬合理。

——宏盛（2534）建案獲利預估表

| 已售金額（億元） | 銷售率（%） | 預估貢獻EPS（元） | | | |
|---|---|---|---|---|---|
| | | 2017年 | 2018年 | 2019年 | 餘屋銷售 |
| － | － | － | － | － | 1.00 |
| 28.90 | 72 | － | － | － | 0.97 |
| 5.60 | 47 | 0.30 | － | － | 0.23 |
| 13.10 | 82 | － | － | － | 0.27 |
| 44.90 | 90 | 2.50 | － | － | 0.31 |
| 72.50 | 66 | 1.20 | 4.00 | － | 2.80 |
| 6.50 | 30 | － | 0.44 | － | 1.06 |
| 8.80 | 88 | － | 0.88 | － | 0.12 |
| 1.20 | 7 | － | － | 0.10 | 1.40 |
| 53.30 | 51 | － | － | 3.05 | 2.95 |
| － | － | － | － | － | － |
| － | － | － | － | － | 1.50 |
| － | － | － | － | － | － |
| － | － | － | － | － | － |
| － | － | 0.07 | 0.15 | 0.25 | － |
| | 合計 | 4.07 | 5.47 | 3.40 | 12.61 |

因為資料不足，未納入計算；3.2018 年、2019 年 EPS 估算方式是將建案已售出部分的獲利認列在建案完工的年度

　　依新聞推估，以總銷金額 110 億元，毛利率 50% 計算，宏盛新世界二期將為公司帶來 55 億元的毛利。再扣除當時 17% 稅率的所得稅費用，將可貢獻每股近 8 元的獲利。由於該建案已售出近 7 成，只要等到完工交屋，宏盛就會有每股 5.6 元（8×70%）的獲利進帳，非常吸引人。

　　然而新聞報導有可能失真，因此，筆者在 2017 年下半年，將宏盛未來的每一個建案，依據總銷金額以及銷售率去計算每個建案未來對獲利的貢獻度，編製宏盛各個建案的獲利預估表（詳見表 1）。該表格的數字僅是預估，若取得新資訊，將持續不斷調整預估的 EPS。雖然預估的數值不會完全精準，但只要掌握大方向，獲利確實大幅成長，股價依然會大幅上漲。

　　依據前述資訊，將 2017 年 6 月底 17.9 元的每股淨值，加上 2017 年下半年筆者自行推估的 EPS 2 元，加上 2018 年的預估 EPS 5.47 元、2019 年的預估 EPS 3.4 元、餘屋待售的 12.6 元，可以算出宏盛的價值共 41.4 元。

　　結果出來了，宏盛的價值在 40 元以上，但價格只有 20 元左右，當然要強力買進。筆者在 2017 年 8 月公開推薦宏盛不久，宏盛就發布了重大訊息，將和助群（6401）進行簡易合併。宏盛為建築公司，助群為營造公司，兩者具有商業上的合作關係，兩公司以此為由進行合併，看似合理，但筆者卻懷疑事有蹊蹺。

## 從合併案推測宏盛股票持股將增加

　　從兩家公司的合併財報可以看出，助群 2013 年到 2016 年的 EPS 明顯高於宏盛（詳見表 2）。但筆者依據現有數據推估，宏盛 2018 年的基本每股盈餘有 5.47 元，2019 年的基本每股盈餘有 3.4 元，將超越助群。因此，筆者推測，助群的

## 表2 2013年～2016年助群的基本每股盈餘相較宏盛高
──宏盛（2534）、助群（6401）EPS

|  | 2013年 | 2014年 | 2015年 | 2016年 |
|---|---|---|---|---|
| 助群（6401） | 0.37元 | 1.27元 | 1.96元 | 2.89元 |
| 宏盛（2534） | -0.25元 | -0.40元 | 0.68元 | 1.46元 |

資料來源：公開資訊觀測站

股東選擇在 2017 年與宏盛合併，是希望將持股轉換為宏盛，以享受宏盛未來的高額獲利。當筆者 2017 年 9 月 1 日在公開資訊觀測站上看到「宏盛與助群將進行簡易合併」的消息時，又更加堅定先前的判斷，開始加碼買進宏盛的股票。

在筆者強力買進之後，隨著建案的交屋，宏盛的獲利也如預期開出，2017 年 EPS 為 4.39 元，2018 年上半年 EPS 為 4 元，表現相當亮眼。

由於宏盛的建案集中在淡水，包括新世界一期、新世界二期、海洋都心二期、海洋都心三期中央花園、宏盛新世界三期水悅、海上皇宮、黃金海岸等，隨著美麗華影城在 2018 年 4 月宣布將於 2018 年第 4 季進駐淡海新市鎮；淡海輕軌綠山線在 2018 年 12 月 13 日通車，接著還有藍海線分 2 期通車；淡江大橋在公布得標廠商後，可望在 2024 年完工等消息傳出，有利於宏盛未來建案的銷售，股價當然就跟著水漲船高。

## 圖1 隨著建案陸續交屋，宏盛股價逐漸上揚
——宏盛（2534）股價日線圖

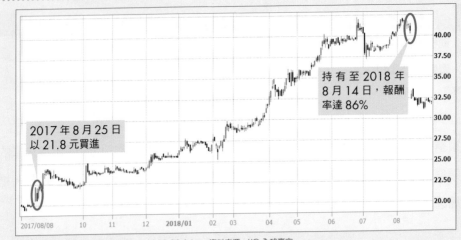

2017 年 8 月 25 日
以 21.8 元買進

持有至 2018 年
8 月 14 日，報酬
率達 86%

註：資料統計時間為 2017.08.08 ～ 2018.08.14　　資料來源：XQ 全球贏家

　　宏盛的股價於 2018 年 8 月 14 日除權息前，收盤價為 40.6 元，以推薦日前一天的收盤價 21.8 元（2017 年 8 月 25 日收盤價）計算，持有一年的報酬率約為 86%（40.6-21.8）÷21.8×100%）（詳見圖 1）。

# 7-4 **樂揚》**都更案銷量佳 未來獲利可期

　　樂揚建設（簡稱「樂揚」，股票代號 2599）成立於 1993 年，前身為「喜揚建設有限公司」，以委託營造廠商興建國民住宅出租、出售為主要業務。

　　會注意到樂揚這家公司，是 2018 年 6 月，筆者在台中上課時，有一位學員詢問樂揚是不是定存股？在這之後筆者才開始對這家公司進行分析。

　　由於樂揚僅是興櫃公司，公司資本額約 10 億元，規模不大，缺乏法人的關注。少了外資、投信以及媒體的監督，能取得的資訊比較少，投資人就必須自己多做功課。

## 資訊收集》追蹤新聞、拜訪公司判定管理階層品質

　　上網搜尋「樂揚建設」以後，可以發現很多與「台北市士林區文林苑都市更新計畫」相關的新聞。樂揚建設是文林苑都市更新計畫的實施者，時任台北市市長

的郝龍斌，依《都市更新條例》拆除原建築物，導致王家居民上街抗議，反對戶曾提起 10 次訴訟，但皆為敗訴，最後與樂揚建設達成和解。期間樂揚建設並無任何違法行為，因此筆者將此認定為政治議題。

繼續搜尋相關新聞，由於「文林苑都更案」涉及政治議題，若樂揚建設過去有不良紀錄，或負責人段幼龍董事長有一些黑心事蹟，肯定被網軍拿來大加撻伐。筆者自己也肉搜很久，但沒有發現樂揚建設有任何違背良心的行為。因此，筆者選擇相信樂揚經營階層的品格。

2015 年，樂揚建設捲入新北市前副市長許志堅都更弊案，北檢指揮廉政署查出許志堅收受樂揚建設名錶的事證，裁定許志堅收押禁見。由於筆者曾受樂揚邀請前往拜訪公司，經了解後，筆者認為樂揚的管理階層道德操守良好，筆者相信樂揚建設絕無行賄的犯意。

## 財務評估》殖利率一度高達 12.5%

收集完資料以後，發現樂揚是一家值得研究的公司，接著，筆者進一步觀察樂揚的財務報表（詳見表 1）。

樂揚 2017 年發放現金股利 2 元，若以當時（2018 年 6 月 29 日）股價約

## 表1　2014年～2017年皆發放現金股利
——樂揚（2599）財務績效

| | 2013年 | 2014年 | 2015年 | 2016年 | 2017年 |
|---|---|---|---|---|---|
| 營業收入 | 616,506 | 884,598 | 444,766 | 931,424 | 355,283 |
| 營業成本 | 385,126 | 517,340 | 230,766 | 659,586 | 257,272 |
| 營業毛利 | 231,380 | 367,258 | 214,000 | 271,838 | 98,011 |
| 毛利率（%） | 38 | 42 | 48 | 29 | 28 |
| 營業費用 | 72,802 | 107,789 | 141,393 | 130,224 | 103,148 |
| 營業利益 | 158,578 | 259,469 | 72,607 | 141,614 | -5,137 |
| 業外收支 | -6,305 | -3,844 | 681,387 | 341,410 | 315,997 |
| 稅前淨利 | 152,273 | 255,625 | 753,994 | 483,024 | 310,860 |
| 所得稅費用 | -36 | -259 | 11,057 | 36,958 | 22,528 |
| 本期淨利 | 152,309 | 255,884 | 742,937 | 446,066 | 288,332 |
| 每股盈餘（元） | 1.52 | 2.56 | 7.44 | 4.46 | 2.89 |
| 現金股利（元） | 0 | 1 | 3 | 2 | 2 |

註：單位未標示者皆為千元　　資料來源：樂揚 2017 年年報

16元左右計算，現金殖利率為12.5%（2÷16×100%），相當有吸引力。

## 投資評估》從財報、實地考察等方式預估獲利

不過，財務數據僅代表企業過去的經營績效，不能作為獲利會持續發生的保證。

要判斷樂揚建設是否值得投資，還有許多事情要確認，說明如下：

## 圖1 從「在建房地」找出未來獲利關鍵

——樂揚（2599）在建房地

（二）在建房地

在建房地明細如下：

| 工程名稱 | 性　質 | 預　計完工年度 | 土地成本 | 工程成本 | 合　計 |
|---|---|---|---|---|---|
| | | | 106年12月31日 | | |
| 中山文華 | 都　更 | 107 | $ 325,741 | $ 608,242 | $ 933,983 |
| 然花苑 | 都　更 | 108 | 382,368 | 249,484 | 631,852 |
| 新莊海山 | 自建、合建 | 未　定 | 212,560 | 805 | 213,365 |
| 長安賦三 | 自建、合建 | 未　定 | 183,796 | 1,237 | 185,033 |
| 長春合江 | 都　更 | 未　定 | 84,476 | 1,742 | 86,218 |
| 其　他 | 自建、合建 | | 102,683 | 18,444 | 121,127 |
| | | | $ 1,291,624 | $ 879,954 | $ 2,171,578 |

資料來源：樂揚 2017 年財報

### 1.找出公司未來獲利動能

筆者從樂揚 2017 年財報中的「存貨」項下的「在建房地」發現，影響樂揚建設 2018 年獲利的關鍵因素，為已於 2018 年 1 月完工交屋的中山文華建案，其餘像是新莊海山、長安賦三等建案因為離完工日期尚有段時間，可略過不看（詳見圖 1）。

### 2.確認實際銷售情況

中山文華建案位於台北市大同區承德路，樓層規畫為 60 戶住家（分為二房、

三房和四房）及 3 戶店面。2014 年 6 月《蘋果日報》就曾經報導：「樂揚建設下半年在大同區承德路推『中山文華』案，規畫 45 ～ 60 坪，總銷約 20 億元。」為了深入了解銷售情況，筆者於 2018 年 6 月實際到現場看屋。

筆者對銷售人員表示欲參觀二房的房子，但對方回覆二房的房子已全數售出，僅剩三房和四房的房子。一般來說，銷售員都希望趕快把房子賣出去，銷售人員回覆無房可賣，筆者就推測中山文華建案是真的賣得非常好，並非網路或新聞誇大其辭。

為了正確估計樂揚未來的獲利，筆者詢問銷售人員更詳細的建案銷售情況，但銷售人員表示不知情，建議筆者可以向財務部聯繫。

### 3.致電或親訪公司進行考察

除了實際去看中山文華的建案以外，筆者還去電詢問樂揚的發言人，希望可以了解各建案的進度。然而受到之前文林苑等負面新聞的影響，樂揚在回答上很謹慎，完全沒有提供任何有關財務的資訊。在筆者鍥而不舍的追問下，樂揚決定接待筆者，只談公司願景，不談財務。

隨後，筆者親自拜訪一趟樂揚位於台北市中山區的公司，並與樂揚副總經理鄒雪娥和財務長等高階主管一同用餐。筆者在與經營階層的閒聊當中，了解到這家

企業的核心價值，像是鄒雪娥表示，樂揚的核心競爭力是相當注重客戶滿意度，會用心注意每個細節。例如停車場斜坡的角度會不會讓陽光直射駕駛人的眼睛等等。如果是都更案，還會主動提供原住戶報稅資料、提醒地主按時報稅等，這是一般建商不會做的事。

此外，筆者也從不同員工的口中聽到對董事長段幼龍的稱讚，像是「不炒股、形象良好，專心經營本業、為人正派」等正面評論，這些都讓筆者對這家公司抱有好感。

這次筆者是以股東的身分拜訪公司，拜訪後卻想成為樂揚的客戶。如果大家有想買房子的，筆者會大力推薦樂揚。或許樂揚的房子價格沒有比較便宜，但品質絕對令人滿意。

### 4.預估未來獲利

分析樂揚過去的財務比率、實地考察中山文華建案與樂揚公司以後，接著要對樂揚未來的獲利進行預估，藉以判斷合理的目標價。

從樂揚 2018 年上半年的財報可以得知，文林苑貢獻 6,000 萬元的營收，中山文華貢獻近 12 億元的營收。估計中山文華全案可為公司帶來 18 億元的營收，貢獻 2018 年的基本每股盈餘（EPS）約 5 元。

圖2 **發放股利不到1個月後，便完成填息**
──樂揚（2599）股價日線圖

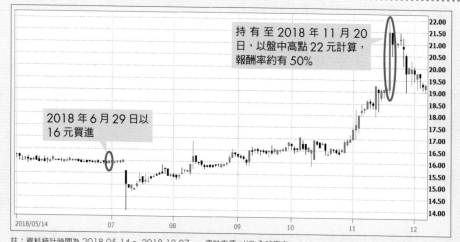

持有至 2018 年 11 月 20 日，以盤中高點 22 元計算，報酬率約有 50%

2018 年 6 月 29 日以 16 元買進

註：資料統計時間為 2018.05.14 ～ 2018.12.07　　資料來源：XQ 全球贏家

在建房地中，樂揚 2019 年有「然花苑」建案，估計可貢獻 EPS 5 元；2020年以後有「長春合江」、「新莊海山」、「長安賦三」等建案陸續完工，估計可持續挹注 EPS 各 3 元、3 元、1 元；餘屋文林苑、士林華岡、水鋼琴、長安賦共可貢獻 EPS 0.5 元，全部建案加起來約可提供 EPS 17.5 元（5＋5＋3＋3＋1＋0.5）。

加上筆者透過其他管道詢問到得知，2018 年年底尚有台北市大安區與萬華區

的都更案正在洽談中，未來獲利可期。

　　因此，若將樂揚 2018 年 6 月 29 日的每股淨值 21.4 元，扣除每股現金股利 2 元，再加上未來的 EPS 17.5 元，可算出樂揚的價值為 36.9 元（21.4-2＋17.5）。而樂揚 2018 年 6 月 29 日的股價為 16 元，價格只有價值的 43%（16÷36.9×100%），真的是物超所值，非常划算，筆者當然是買進持有，並在網路上和大家分享。

　　樂揚在 2018 年 7 月 9 日發放 2 元的現金股利後，馬上就在 8 月 10 日完成填息（詳見圖 2）。若以 2018 年 11 月 20 日股價盤中高點到達 22 元計算，持有近半年報酬率為 50%（（22-16＋2）÷16×100%）。與當時大盤受到中美貿易戰的影響，一路從 1 萬 1,000 多點跌到 1 萬點以下相比，樂揚的股價相對強勢很多。

　　由於筆者在臉書、PressPlay、微股力、LINE 群組等多處推薦，導致樂揚股價快速反映其價值。股價上漲讓大家投資賺錢，原本是件好事，但也使得公司被主管機關調查，懷疑其炒股。這裡筆者想幫樂揚說句公道話，買賣股票的投資決策為外部股東的個人行為，樂揚的管理階層絕對是專注本業經營，對炒股完全沒興趣。

# **中租-KY》** 中國業績利多加持
# 基本每股盈餘攀升

7-5

中租迪和股份有限公司（以下簡稱「中租」）是台灣的租賃控股公司之一，由彰化縣鹿港鎮辜家所創辦，目前是由辜仲立持股主導。中租主要提供以資產為基礎的融資服務，2005年取得中國第一張外資租賃執照，在上海成立仲利國際租賃有限公司，公司主要收益約有一半來自中國。2011年，中租在台灣以「中租-KY（5871）」名義掛牌上市。

由於兩位在中租工作的朋友推薦，筆者才開始留意到這檔股票。經過一番研究以後，筆者覺得此檔個股表現不錯，遂於2016年8月31日在網路上公開推薦中租-KY，當日股票收盤價54.8元。

檢視歷年財務數字，中租的營收不斷成長，沒有衰退的疑慮，且2015年每股配發現金股利3.1元，現金股利殖利率高達5.66%（3.1÷54.8×100%），表現相當亮眼。然而若拿中租2015年基本每股盈餘（EPS）6元計算，本益比才約9倍（54.8÷6）。

**圖1 中國放款金額持續成長**
──中租-KY（5871）在中國總放款及應收金額

（圖表數值）
730　690　736　788　859　921　993
單位：億元

2016.Q4　2017.Q1　2017.Q2　2017.Q3　2017.Q4　2018.Q1　2018.Q2

資料來源：公開資訊觀測站、中租-KY法說會資料

## 營收成長、資產品質提升，帶來雙重利多

造成中租本益比偏低的原因在於，2016年以前，中租在法說會上只公布整個集團的貸款延滯率，未公布個別地區的資產品質，而市場法人最關心的就是中國市場的呆帳情況。

就心理學來說，企業如果有好消息，會主動提前公布；若有壞消息，則會盡量延後公布。由於中租未公布中國的延滯率（計算公式為「延滯金額除以總授信金額」），資訊不透明，投資人自然就推測中國的壞帳比率很高，不願意給中租太高的本益比。然而，中國政府推行的《最高人民法院關於限制被執行人高消費的

圖2 **中租-KY在中國延滯金額、延滯率皆持續下降**
——中租-KY（5871）在中國延滯金額與延滯率

註：「延滯金額」指延遲未付款超過 7 天以上的債務　　資料來源：公開資訊觀測站、中租-KY 法說會資料

若干規定》（簡稱「限高令」）政策，讓這樣的情況發生改變。

中國政府早在 2010 年就已頒布限高令，禁止「失信被執行人」（指欠錢不還的債務人）從事奢侈行為，然而成效不彰。之後政府又進一步加大執行力度，在 2015 年 7 月 22 日再次修正限高令，這次條件更加嚴苛，明確禁止失信被執行人不得搭飛機、搭出租車（也就是計程車）等高級交通工具，不得購買不動產或者新建、擴建、高檔裝修房屋等。

修改後的限高令使得中國的債務違約比率開始顯著下降，也讓中租於 2016 年 5 月的法說會上，首次單獨公布中國的延滯率。由於中租在中國的延滯率比市場

圖3 隨著基本每股盈餘提升,股價也跟著上揚
——中租-KY(5871)單季EPS與月均價

註:資料統計時間為 2015.Q1 ~ 2018.Q3　　資料來源:財報狗

預期的還要低,消息一出,令市場感到振奮。

　　果不其然,中租自 2016 年年底開始,在中國的業績持續呈成長,放款金額持續成長(詳見圖 1),但延滯金額(指延遲未付款超過 7 天以上的債務)卻持續下降,從 2016 年第 4 季的 35 億 8,100 萬元,下降為 2018 年第 2 季的 24 億 7,500 萬元。延滯率也是逐季減少,由 2016 年第 4 季的 4.9%,下降為 2018 年第 2 季的 2.5%(詳見圖 2)。

　　營收成長加上資產品質提升的雙重利多加持,使得中租 2017 年的 EPS 提升為 8.3 元,2018 年前 3 季累計 EPS 提升為 7.83 元,股價當然也跟著飆漲(詳見

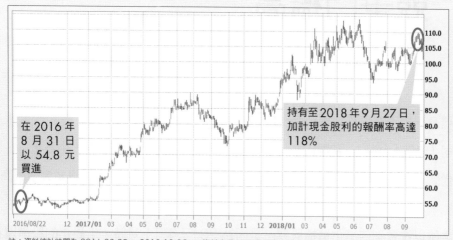

圖4 **2017年年初起,股價便一路向上攀升**
──中租-KY(5871)股價日線圖

在2016年8月31日以54.8元買進

持有至2018年9月27日,加計現金股利的報酬率高達118%

註:資料統計時間為 2016.08.22～2018.10.05    資料來源:XQ 全球贏家

圖3)。

若是投資人在 2016 年 8 月 31 日以收盤價 54.8 元買進中租,則加計 2017 年中租配發的現金股利 3.4 元、2018 年現金股利 3.8 元與股票股利 0.2 元,以 2018 年 9 月 27 日盤中高點 110 元計算,持有中租 2 年多的報酬率為 118%(((110×1.02 + 3.4 + 3.8)−54.8)÷ 54.8×100%),年化報酬率為 47.65%((1 + 118%)∧(1÷2)−1×100%)(詳見圖 4)。

# 7-6 信昌化》資本技術密集 競爭門檻高

　　信昌化學工業股份有限公司（簡稱「信昌化」，股票代號 4725）是由台灣水泥公司（簡稱「台泥」，股票代號 1101）及中國石油化學公司（簡稱「中石化」，股票代號 1314）於 1990 年合資成立，為全國第一家酚系列產品之專業製造廠商。

　　之所以注意到信昌化這檔股票，是因為 2017 年 11 月時，信昌化的股價還在 18 元上下盤整，但 2018 年 1 月卻突然漲到 40.6 元，之後又快速下跌，跌到 20 幾元，因而激起筆者的好奇心，想要了解信昌化到底發生什麼事。

## 屬資本與技術密集產業，進入障礙較高

　　筆者研究後發現，信昌化的產品主要應用於酚醛樹脂、工業塑膠、清潔劑、環氧樹脂與己內醯胺（CPL）等市場。終端應用則包括光碟片、汽車零件、電子電器塗料、電子零件、電子封裝材料、銅箔基板與尼龍等領域。信昌化近年也切入正丁烷衍生物，朝高值化產品發展，也就是在投入同量的生產要素下，透過更高的

## 表1　2013年～2017年基本每股盈餘皆為負值
——信昌化（4725）毛利率與EPS

| | 2013年 | 2014年 | 2015年 | 2016年 | 2017年 |
|---|---|---|---|---|---|
| 毛利率（%） | -0.92 | -0.28 | -10.79 | 0.73 | 0.88 |
| EPS（元） | -2.24 | -1.97 | -6.38 | -1.43 | -1.21 |

資料來源：公開資訊觀測站

技術，生產更高附加價值的產品。由於產業屬於資本與技術密集產業，進入障礙較高，加上投資金額龐大，為公司競爭的利基點。

影響信昌化獲利的關鍵因素在毛利率，也就是原料和成品的價差。經濟學原理告訴我們，價格是由供給與需求決定的。過去由於酚 - 丙酮供給過剩，導致信昌化生產的成品價格下滑，毛利率下降導致連年虧損。但是，2018 年酚 - 丙酮全球產能僅成長 3%，受惠於中國的環保政策，環己酮將改以苯酚進料的趨勢確立，加上其他塑料應用的擴張，預計苯酚需求將成長 10%。供給增加 3%，需求增加 10%，依據供需法則，當需求上升幅度大於供給上升幅度時，價格就會自然上升。

檢視信昌化過去的財務績效，2013 年到 2017 年的基本每股盈餘（EPS）皆為負值，財務比率不佳，筆者推估信昌化的股價不會太高，有可能是一檔股價被低估的股票（詳見表 1）。

## 遇大股東出脫持股，可趁賣壓湧現時買進

然而「福無雙至今朝至，禍不單行昨夜行」，偏偏信昌化的大股東台泥，於 2018 年 2 月 2 日公告，將於當天起開始賣出近 3 萬張信昌化持股，使得信昌化的賣壓湧現，從 2018 年 1 月 22 日 40.6 元的高點一路下跌（筆者推測，可能有人提前知道消息事先賣出）。筆者認為，這只是短期的籌碼面因素，不會影響信昌化這家公司的真正價值，因此筆者於 2018 年 4 月 9 日在臉書公開推薦，建議逢低買進信昌化，當時的收盤價為 25.7 元。之後信昌化於 2018 年 5 月 4 日的盤中曾跌到 20 元，的確是千載難逢的好機會，筆者又接了一些。由於對基本面充分研究後，信心大增，信昌化一路下跌，筆者也一路加碼，平均持有成本約 23 元左右。

由於下游 PC（聚碳酸脂）投產，導致 BPA（丙二酚）需求增加，使得利差持續擴大，信昌化 2018 年第 1 季的 EPS 為 0.26 元，第 2 季的 EPS 為 0.75 元，轉虧為盈帶動股價上漲，於 2018 年 5 月 25 日漲至盤中高點 34.5 元，之後 2018 年 8 月 29 日更漲至盤中高點 37 元。無奈中美貿易戰導致市場對未來的景氣預估下修，使得 2018 年 10 月台股發生股災，信昌化的股價也於 12 月 28 日跌到 22.65 元。

筆者前後共買進信昌化兩次，第 1 次於 2018 年 4 月與 5 月買進，均價為 23 元；

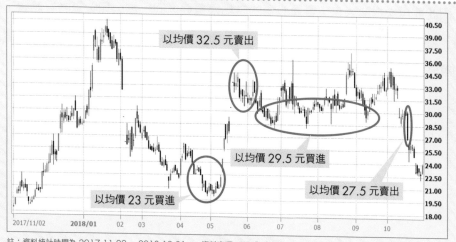

**圖1** 2018年10月台股股災，股價也隨之下跌
──信昌化（4725）股價日線圖

以均價 32.5 元賣出

以均價 29.5 元買進

以均價 23 元買進

以均價 27.5 元賣出

2017/11/02　2018/01　02　03　04　05　06　07　08　09　10

40.50
39.00
37.50
36.00
34.50
33.00
31.50
30.00
28.50
27.00
25.50
24.00
22.50
21.00
19.50
18.00

註：資料統計時間為 2017.11.02～2018.10.31　　資料來源：XQ 全球贏家

於 2018 年 5 月時以均價 32.5 元賣出，報酬率 41%。第 2 次於 2018 年 6 月
到 9 月買進，均價 29.5 元；於 10 月時以 27.5 元的價格賣出，停損出場（詳見
圖 1）。

這檔股票對網友比較抱歉，筆者一開始的語氣很肯定，認為信昌化一定會轉虧
為盈，獲利大幅成長。當大盤反轉向下時，筆者只不斷提醒要降低成長股的持股
比率，並提到信昌化屬於成長股，並未明確建議網友要減碼賣出，導致有一些網

友買在高點，投資賠錢。

　　因此要再次提醒大家，買賣股票的時點很重要，同一家公司，筆者在臉書上推薦，可能有人賺錢，有人賠錢，原因在於貫徹投資紀律，例如是否採用分批買進的策略，是否執行停損措施等等（投資策略詳見第 5 章）。

# 7-7 亞洲水泥(中國)》受惠基建 股價大幅上揚

亞洲水泥（中國）控股公司（簡稱「亞洲水泥（中國）」，股票代號0743. HK），是台灣亞洲水泥股份有限公司（簡稱「亞泥」，股票代號1102）在中國的主要轉投資，主要業務為生產及銷售水泥、混凝土及相關產品。

由於筆者過去待過勤業眾信會計師事務所，後來外派至中國上海1年，負責查核台資企業，當時主要就是負責查核亞洲水泥（中國）。而筆者看到水泥的產業報告後，覺得前景不錯，就開始研究亞洲水泥（中國）的財報。

接下來筆者會以第5章提到的投資策略模式，也就是先研究總體經濟，再研究相關產業，最後再研究企業財務報表的方式進行解說：

## 總體經濟》環保政策使得小廠遭淘汰

中國2016年至2020年的第13個五年計畫，簡稱「十三五規畫」，核心綱

要為「創新、協調、綠色、開放、共用」五大理念,其中的「綠色」指的是環保。由於水泥產業屬於重工業,需要大量的動力,燃煤發電與十三五規畫的理念不符。

2016 年,中國國務院發布第 34 號公報《控制汙染物排放許可制實施方案》,要求汙染物排放達不到標準的企業須退出市場、嚴禁備案和新建擴大產能的水泥熟料、平板玻璃建設專案、停止生產汙染較高的 32.5 等級水泥,重點生產 42.5 等級以上產品、水泥廠在夏天需求較少時必須輪流停產,減少熱氣排放等政策。

政府的任務目標,是要淘汰生產不具效率的小廠,讓規模排名前 10 名的企業生產量達到全體產業的 60%。

## 產業現況》需求增加,預期將有「黃金三年」榮景

2017 年,中國水泥產業減去 3,880 萬噸熟料供應,以及除去 80 家廠商,已經造成 2017 年第 4 季的水泥價格飆漲。在停工、限產和錯峰等措施,又使得春季水泥的開工提貨需求變得更強烈。

2018 年,中國又除去 1 萬 4,000 噸庫存,210 家廠商,而小廠商的生產線通常環評不過,耗能過高,又無法設置更高級的新產線,即使沒有拆除,也被長期停工,無法翻身。

廠商家數減少，但每家廠商的稼動率（指產能利用率）卻提高了，市場上的實際供給量未減少。在中美貿易戰下，中國對美國出口減少，為了維持 6.5% 的經濟成長率目標，推論中國會持續投入基礎建設，對水泥的需求將持續成長。然而在《控制汙染物排放許可制實施方案》的限制下，水泥產業具有進入障礙，供給廠商家數不會增加且需求增加下，預期中國的水泥產業將有黃金三年的榮景。

由於水泥的成分有石膏，比較怕濕氣，保存期限通常很少超過 3 個月，水泥廠的庫存都不高，大概就是 1 個月左右而已。因此，在判斷水泥庫存時，通常會用庫容比來計算，即是庫存除以倉庫最大容量的比率。以中國來說，庫容比在 80% 以上時，水泥價格下跌的機率很高；庫容比在 40% 以下的時候，水泥價格通常會漲價。

中國從 2013 年到 2017 年上半年，庫容比都在 60% 以上，即使在需求強烈的第 2 季與第 4 季，庫容比還是在高峰，很明顯的供過於求。受惠政府環保政策，2017 年政府開始逐漸調控水泥產量，庫容比開始大幅降低，水泥價格大幅上升（詳見圖 1）。

## 公司分析》股價長期低於淨值

亞洲水泥（中國）是中國第十大水泥業者，為長江地區的綜合水泥生產商，其

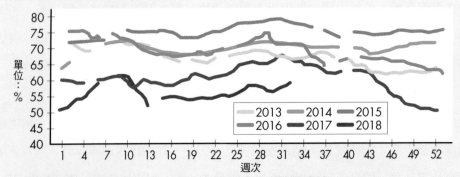

圖1 **2017年庫容比開始大幅降低**
——中國水泥庫容比

單位：%

圖例：2013　2014　2015　2016　2017　2018

週次

註：資料統計時間為 2013 年 1 月～ 2018 年 8 月；因部分資料缺失，故線圖出現斷續現象
資料來源：數字水泥網、國信證券研究報告

中有46%的產能在華東（上海、揚州、南昌、九江），24%在華中（黃岡、武漢），30%在西南（成都）。由於水泥笨重，亞洲水泥（中國）的工廠均位於長江沿岸，可藉由水運大幅節省運輸成本。

2018 年下半年，受中美貿易戰的影響，中國景氣衰退，市場認為未來的房地產需求轉弱，將影響到水泥的價格，導致水泥族群類股股價下跌。然而，為了彌補外銷金額減少，中國積極擴大內需，強化基礎建設，使得水泥需求不減反增。例如中國推行的川藏鐵路政策，起點為四川省成都市，終點為拉薩。由於成都剛好是亞洲水泥（中國）的大本營，水泥可由此直接運送至西藏，運輸成本降低，

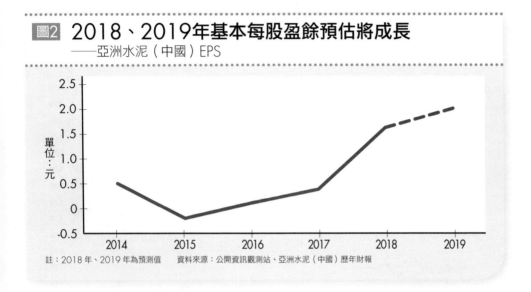

**圖2** **2018、2019年基本每股盈餘預估將成長**
──亞洲水泥（中國）EPS

註：2018 年、2019 年為預測值　資料來源：公開資訊觀測站、亞洲水泥（中國）歷年財報

對亞洲水泥（中國）來説是利多。

　　此外，水泥產業有明顯的淡旺季。由於夏天會下雨，且天氣熱，影響工程進度，水泥需求較弱，為傳統淡季。第 4 季為水泥旺季，營收與獲利都會優於前 3 季。觀察亞泥所屬的長江流域，水泥庫存持續減少，水泥報價持續上升，帶動 2018 年亞洲水泥（中國）的獲利大幅上升（詳見圖 2）。

　　由於過去亞洲水泥（中國）獲利多位於損益兩平之間，股價長期低於淨值，甚至只有淨值的 1/5。受惠於近幾年中國環保政策，亞洲水泥（中國）的股價大幅

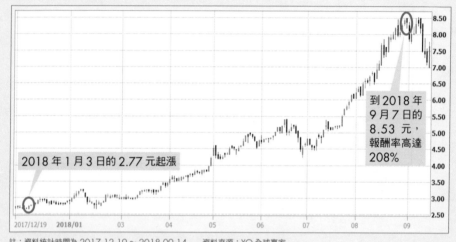

圖3 **利多消息釋出後，股價一路攀升**
——亞洲水泥（中國）股價日線圖

2018 年 1 月 3 日的 2.77 元起漲

到 2018 年 9 月 7 日的 8.53 元，報酬率高達 208%

註：資料統計時間為 2017.12.19～2018.09.14　　資料來源：XQ 全球贏家

上升，從 2018 年 1 月 3 日的收盤價 2.77 元，一路漲到 2018 年 9 月 7 日的 8.53 元，報酬率 208%（（8.53-2.77）÷2.77×100%）（詳見圖 3）。

　　但是也要特別注意，這種大漲的個股，當大盤指數下跌時，非常容易回檔，當均線向下時，建議分批賣出獲利了結。

# 7-8 績效實證》同時持有5～7檔 平均年報酬逾20%

前面看了那麼多個股案例，接著來談談筆者的個人績效。筆者認為，頻繁買賣股票會增加交易成本，導致報酬率下降，且會影響到工作效率，所以就依據6-1「丁彥鈞價值股選股模型評估表」的邏輯，每次選出5檔到7檔的好標的，或者透過閒聊法，從高手口中得到不錯的口袋名單以後，再利用第5章的投資策略進行深入研究。

若筆者覺得某檔個股的基本面不錯，就會分批買進，持有時間不定，大部分為半年到一年；若是筆者認為某檔股票是屬於成長股，有暴起暴跌的可能，則持有時間可能會比較短。而筆者在買進持股後也不會每天盯盤，依舊過著正常的生活，有空就閱讀新聞，並檢視個股的營收與財報，於績效檢視日（約莫半年到一年會檢視一次）判斷個股表現，再決定應該繼續持有或賣出。

由於筆者在投資路上受過許多人的幫助，所以希望自己也能夠幫助別人，於是模仿自己的偶像、PTT股市達人麥克風（本名陳彥文）的「包租文」，於2016

## 表1 39檔推薦股票平均年報酬率22.7%，遠勝大盤

| 代號 | 簡稱 | 推薦日期 | 推薦日收盤價（元） | 現金股利（元） | 股票股利（元） | 績效檢視日 | 績效檢視日股價（元） | 實際報酬率（％） | 持有期間（天） | 年化報酬率 |
|---|---|---|---|---|---|---|---|---|---|---|
| 2493 | 揚 博 | | 26.40 | – | – | | 29.75 | 12.7 | 201 | 23.0 |
| 3299 | 帛 漢 | | 50.50 | – | – | 2017.03.20 | 71.00 | 40.6 | 201 | 73.2 |
| 1582 | 信 錦 | | 53.40 | – | – | | 69.20 | 29.6 | 201 | 53.2 |
| 5871 | 中 租 | 2016.08.31 | 54.80 | 3.40 | – | 2017.08.30 | 71.90 | 37.4 | 364 | 37.5 |
| 6216 | 居 易 | | 29.50 | – | – | | 33.95 | 15.1 | 201 | 27.4 |
| 6189 | 豐 藝 | | 31.20 | – | – | 2017.03.20 | 33.10 | 6.1 | 201 | 11.1 |
| 2820 | 華 票 | | 12.60 | – | – | | 13.95 | 10.7 | 201 | 19.5 |
| 4984 | 科 納 | 2016.09.02 | 69.00 | – | – | 2016.10.06 | 70.10 | 1.6 | 34 | 17.1 |
| 6123 | 上 奇 | 2016.10.21 | 32.40 | 5.50 | 0.5 | 2018.12.18 | 38.30 | 41.1 | 788 | 19.0 |
| 4417 | 金 洲 | 2016.11.07 | 40.10 | – | – | 2017.04.10 | 39.10 | -2.5 | 154 | -5.9 |
| 8042 | 金山電 | 2016.11.24 | 62.50 | – | – | | 55.80 | -10.7 | 137 | -28.6 |
| 2383 | 台光電 | 2017.01.24 | 109.05 | 4.70 | – | 2017.08.30 | 153.00 | 44.6 | 218 | 74.7 |
| 4746 | 台 耀 | | 97.60 | – | – | 2017.03.13 | 88.20 | -9.6 | 48 | -73.2 |
| 2548 | 華 固 | 2017.03.16 | 67.40 | 10.80 | – | 2018.12.18 | 68.10 | 17.1 | 652 | 9.6 |
| 6114 | 久 威 | 2017.03.27 | 65.10 | 2.50 | 0.5 | | 75.50 | 25.6 | 156 | 59.9 |
| 6263 | 普萊德 | | 53.60 | 3.90 | – | | 54.80 | 9.5 | 142 | 24.5 |
| 2317 | 鴻 海 | | 96.50 | 4.50 | – | | 117.50 | 26.4 | 142 | 67.9 |
| 5371 | 中光電 | 2017.04.10 | 44.45 | 3.50 | – | 2017.08.30 | 37.00 | -8.9 | 142 | -22.8 |
| 5356 | 協 益 | | 47.15 | 4.00 | – | | 55.20 | 25.6 | 142 | 65.7 |
| 2419 | 仲 琦 | | 23.40 | 1.77 | – | | 22.30 | 2.9 | 142 | 7.4 |
| 6274 | 台 燿 | | 54.30 | 2.10 | – | | 72.40 | 37.2 | 142 | 95.6 |

註：實際報酬率為計算從推薦日期買進，持有至績效檢視日，加計股利的報酬率

──丁彥鈞39檔推薦個股績效統計

| 代號 | 簡稱 | 推薦日期 | 推薦日收盤價（元） | 現金股利（元） | 股票股利（元） | 績效檢視日 | 績效檢視日股價（元） | 實際報酬率（%） | 持有期間（天） | 年化報酬率 |
|---|---|---|---|---|---|---|---|---|---|---|
| 260 | 威 剛 | 2017.04.10 | 77.80 | 4.00 | — | 2017.08.30 | 75.20 | 1.8 | 142 | 4.6 |
| 105 | 穗 懋 | 2017.06.07 | 152.00 | 4.50 | — | 2017.07.18 | 180.00 | 21.4 | 41 | 190.3 |
| 269 | 台 郡 | 2017.07.18 | 116.00 | 4.46 | 0.5 | 2017.08.30 | 136.00 | 26.9 | 43 | 228.7 |
| 534 | 宏 盛 | 2017.08.26 | 21.80 | — | — | 2018.03.31 | 31.75 | 45.6 | 217 | 76.8 |
| 536 | 聖 暉 | | 183.50 | — | — | 2018.03.31 | 222.50 | 21.3 | 213 | 36.4 |
| 909 | 榮 成 | | 44.50 | — | — | 2017.12.08 | 38.80 | -12.8 | 100 | -46.8 |
| 708 | 東 鹼 | | 31.10 | — | — | | 30.05 | -3.4 | 213 | -5.8 |
| 036 | 文 曄 | 2017.08.30 | 49.40 | — | — | | 47.00 | -4.9 | 213 | -8.3 |
| 155 | 博 智 | | 65.90 | — | — | 2018.03.31 | 129.00 | 96.9 | 213 | 164.0 |
| 319 | 東 陽 | | 56.00 | — | — | | 52.20 | -6.8 | 213 | -11.6 |
| 220 | 岳 豐 | | 66.00 | — | — | | 40.95 | -38 | 213 | -65.0 |
| 906 | 寶 隆 | 2017.09.13 | 38.15 | — | — | 2017.12.08 | 27.95 | -26.7 | 86 | -113.5 |
| 809 | 京城銀 | 2017.12.12 | 36.30 | 1.50 | — | | 28.85 | -16.4 | 381 | -15.7 |
| 534 | 長 虹 | | 86.50 | 6.20 | — | | 77.20 | -3.6 | 263 | -5.0 |
| 289 | 宜 鼎 | | 130.50 | 5.61 | 0.3 | 2018.12.28 | 101.00 | -16 | 263 | -22.2 |
| 725 | 信昌化 | 2018.04.09 | 25.70 | — | — | | 22.65 | -11.9 | 263 | -16.5 |
| 239 | 英 利 | | 163.00 | 3.90 | — | | 112.50 | -28.6 | 263 | -39.7 |
| 441 | 超 豐 | | 56.00 | 3.00 | — | | 42.95 | -17.9 | 263 | -24.9 |
| | 平均 | — | — | — | — | — | — | 9.7 | — | 22.7 |
| | 大盤指數 | 2016.08.31 | 9,068.85 | — | — | 2018.12.28 | 9,727.41 | 7.3 | 849 | 3.1 |
| | 報酬率指數 | 2016.08.31 | 14,899.62 | — | — | 2018.12.28 | 17,354.55 | 16.5 | 849 | 7.1 |

年 8 月開始在 PTT 上分享自己的投資標的。截至 2018 年 12 月 28 日止,筆者分享的標的共有 39 檔,平均年化報酬率有 22.7%,遠勝同期加計現金股利的大盤指數報酬率 7%(詳見表 1)。

## 高檔賣出部分持股、空頭時減少部位,可降低投資風險

在分享的個股中,年化報酬率表現最好的前 3 名為台郡(6269,年化報酬率 228.7%)、穩懋(3105,年化報酬率 190.3%)和博智(8155,年化報酬率 164%,詳見 7-2),至於台燿(6274)、宏盛(2534,詳見 7-3)、台光電(2383)、帛漢(3299,詳見 6-5)、鴻海(2317)、協益(5356)和久威(6114)等,年化報酬率也都在 50% 以上。

當然,筆者也有推薦失誤的時候,例如寶隆(1906),年化報酬率 -113.5%,是所有標的中表現最差的,而台耀(4746)、岳豐(6220)等的表現也差強人意。但讀者要知道,投資本來就有風險,只要增加持股標的,就能降低非系統性風險,整體投資組合的報酬率一樣是正的。此外,也可以在高檔時賣出一部分持股,或者在大盤轉空時降低持股部位……,只要找到一套符合自己的投資方式,並且紀律操作,相信投資股票的報酬率應該都不會太差。

# 第8章

# 必學金融常識
# 判斷不失準

# 8-1 發行量加權股價指數》 反映上市公司股價漲跌

2-1 有提到，台灣證券交易所（簡稱「證交所」）編製的「發行量加權股價指數（簡稱「加權指數」，英文簡稱 TAIEX）」，是以 1966 年平均數為基期，基期指數設為 100，公式如下：

**發行量加權股價指數＝（當期總發行市值 ÷ 當日基值）×100**

其中，「當期總發行市值」是各採樣股票價格乘以發行股數所得市值的總和。因此，像是台積電（2330）、鴻海（2317）、台塑化（6505）、中華電（2412）、國泰金（2882）等市值愈高的公司，占加權指數的權重就愈高。

## 發行量加權股價報酬指數加計現金股利報酬

當市場上有新公司首次公開募資上市（IPO）時，雖然會導致整體股票市場總市值上升，但因為投資人的資本利得並未增加，使得位於分母的「當日基值」

也需要跟著調整（調整方式可以參考「發行量加權股價指數編製要點」（www. taiwanindex.com.tw/index/index/t00）），所以「加權指數」不會因此增加。

由於加權指數只考慮股價上漲的資本利得，未考慮配息再投資的情況，指數會被低估。若將配股、配息的情況考慮進來，則當公司發放股票股利時，公司的市值並未改變，不會影響指數；當公司發放現金股利時，公司的市值下降，形成「指數蒸發」的現象。因此，若是投資人要計算現金股利加計資本利得的報酬率時，必須將上市公司除息所扣減的指數「還原」回去，最後算出的「台灣發行量加權股價報酬指數（證交所於 2003 年 1 月開始揭露相關資訊，www.twse.com.tw/zh/page/trading/indices/MFI94U.html）」才是正確的。

有很多投資達人表示，「加權指數在 1966 年公布時，上市的公司屈指可數，如今上市公司多如牛毛，市值膨脹好幾萬倍，但指數只成長 100 倍，所以現在萬點不算高點。」這樣的觀念絕對是錯的，希望讀者在看完筆者的書之後，不要再被這種似是而非的觀點誤導了。

# 8-2 資本資產定價模型》 估算股價合理報酬率

　　資本資產定價模型（Capital Asset Pricing Model，簡稱 CAPM），是由美國財務學家 Treynor（1961）、Sharpe（1964）、Lintner（1965）、Mossin（1966）等人於 1960 年代所發展出來，其目的是在協助投資人決定股票的合理報酬率，模型如圖 1。

　　$\beta i$ 為系統性風險（Systematic risk），又稱市場風險或不可分散風險，是由整體經濟環境所引起的，如能源危機、匯率、戰爭等等。此部分的風險無法藉由增加持股的種類來分散，一旦發生，市場上所有的公司都會受影響。例如 2018 年 10 月，中美貿易戰愈演愈烈，大盤瞬間跌破萬點，幾乎所有的公司股價都下跌。

　　$\varepsilon$ 為統計的殘差項，代表個別公司的經營風險，如特定公司發生火災、董事長跌倒住院、被駭客入侵等等。當風險發生時，僅會影響特定公司的股價。此時，投資人可以藉由分散投資的方式，多持有幾家公司的股票，來降低非系統性風險。也就是說，個別公司的經營風險為可分散的風險。

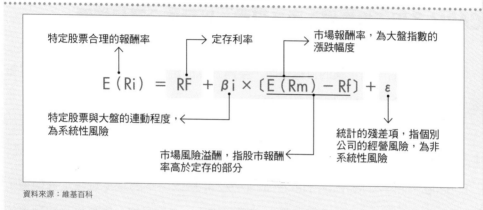

圖1 **CAPM考量系統、非系統風險，計算股票合理報酬率**
──資本資產定價模型（CAPM）公式

特定股票合理的報酬率　　定存利率　　市場報酬率，為大盤指數的漲跌幅度

$$E(Ri) = RF + \beta i \times [E(Rm) - Rf] + \varepsilon$$

特定股票與大盤的連動程度，為系統性風險

統計的殘差項，指個別公司的經營風險，為非系統性風險

市場風險溢酬，指市報酬率高於定存的部分

資料來源：維基百科

　　如果市場上的定存利率是 1%，大盤指數上漲 7%。假設中華電（2412）的 $\beta i$ 為 0.4，則理論上，持有中華電信股票的預期報酬率為 3.4%（1% + 0.4×（7%-1%））。聯發科（2454）的 $\beta i$ 為 2，持有聯發科股票的預期報酬率為 13%（1% + 2×（7%-1%））。但若是聯發科當年接到大單，實際報酬率為 20%，差額的 7% 就是殘差項，為個別公司的經營風險。

　　所以在投資股票前，我們應該先研究整體經濟環境，再了解產業，最後才是對特定公司進行財務比率分析。特定公司有時研究報告或投資人心中會設定一個目標價，但是這個目標價還是要參考整個大盤的走勢。如果大盤表現不好，公司的

基本面再強,賺再多錢都沒有用,股價還是會下跌。

## CAPM 多因子模型導入更多變數,以評估企業目標價

因此,在評估一個企業的目標價時,整體景氣的走勢和個別公司的表現同等重要。下面再來介紹 CAPM 的多因子模型:

### 1.三因子模型

Eugene Fama 和 Kenneth French 於 1992 年修改原本的資本資產定價模型,再導入兩個變數,分別為公司規模與市價淨值比。也就是說,影響投資報酬率的因素,除了總體經濟外,還有個別公司的規模與個別公司的市價淨值比,模型如圖 2。

Fama 和 French 發現,小型股的報酬率高於大型權值股,股價淨值比較低的公司,會有比較高的投資報酬率。

### 2.四因子模型

Mark M. Carhart 於 1997 年修改 Fama 和 French 的模型,再加入動能因子(momentum factor)。也就是說,影響投資報酬率的因素,包含市場因子(market factor)、規模因子(size factor)、價值因子(value factor)和動能因子,模型

## 圖2 三因子模型考量公司規模與市價淨值比變數
—— CAPM三因子模型公式

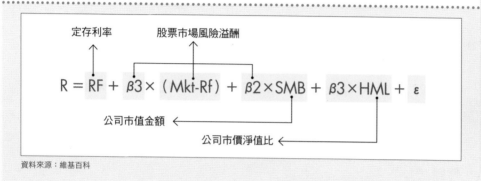

資料來源：維基百科

如圖 3。

　　動能因子，也有人翻譯成「續航力」，指未來股價與過去股價的延續性。如果現在的股價比過去一段期間的平均股價還要高，那麼之後股價也會繼續上漲。如果現在的股價比過去一段期間的平均股價還要低，那麼之後股價也會繼續下跌。換句話說，動能因子會讓強者恆強，弱者恆弱。

　　雖然 Carhart 認為，股價存在明顯的反轉效應，也就是過去一段時間上漲的股票，未來比較容易下跌；過去一段時間下跌的股價，未來比較容易上漲。但學術上的看法尚未達成共識。有一派學者例如 Jegadeesh 與 Titman、Chan 與

### 圖3　四因子模型加入動能因子變數
——CAPM四因子模型公式

$$R = RF + \beta \times (Mkt\text{-}Rf) + \beta \times SMB + \beta \times HML + \beta \times UMD + \varepsilon$$

動能因子

資料來源：維基百科

Jegadeesh 與 Lakonishok（1996）等認為，短期投資確實存在動能因子，適合「追漲殺跌」。另一派學者例如 DeBondt 與 Thaler、Chan 等則認為，長期存在反轉效應，應該使用「買低賣高」的投資策略。故短期投資適合追漲殺跌，長期投資則應該買低賣高。

# 8-3 折現率》計算時間價值 將未來現金換算成現值

當公司有新台幣 1 元和 1 美元，並不能直接相加，必須將美元換算成新台幣，然後再相加。同理，50 年前的 100 萬元可以買一間房子，現在的 100 萬元只能買一間廁所，50 年後的 100 萬元可能只能買一輛機車。雖然都是 100 萬元，但價值並不相同，必須經過「換算」，才能相加。

最簡單的換算方式，就是用通貨膨脹率，依據物價上漲的程度「r」，將過去年度「n」的 100 萬元，乘以比 1 大的數值「$(1 + r)^n$」，換算成現在的價值。未來年度「n」的 100 萬元，除以比 1 大的數值「$(1 + r)^n$」，換算成現在的價值。將未來現金的金額，用一個通貨膨脹率，換算成現金現在的價值，這個比率就是折現率。

例如，目前 1 顆茶葉蛋 10 元，一年後 1 顆茶葉蛋 12 元，那就代表，一年後的 12 元和現在的 10 元，具有相同的商品購買力，可以買到相同的茶葉蛋數量。一年後的 12 元，我們要用 20% 的通貨膨脹率折現：12÷（1 + 20%）= 10，

將一年後的 12 元換算成現在的 10 元。

再換個方式思考，情況一是現在拿到 100 萬元，情況二是 1 年後才拿到 100 萬元，大家都喜歡現在馬上拿到 100 萬元，因為現在拿到 100 萬元，存在銀行，定存利率有 1%，明年就會變成 101 萬元（100 萬 ×（1 + 1%）），情況一比情況二還要多 1 萬元。

由此可知，貨幣有時間價值，愈早拿到手，貨幣就愈值錢，假設每年的貨幣時間價值為 1%，每經過 1 年，價值就多 1%，經過了 10 年，價值就變成 110 萬 5,000 元（100 萬 ×（1 + 1%）$^{10}$）。

## 考量經營風險，企業折現率不等同定存利率

因此，企業在未來的 5 年，每一年都賺 1 元，但是不同年份的 1 元，價值並不相同，購買力也不同，必須要用合理的方式，把不同年份賺到的錢，換算成現在的價值。

1 年後的 1 元，等於現在的 1 ÷（1 + r）。

2 年後的 1 元，等於現在的 1 ÷（1 + r）$^2$。

3 年後的 1 元，等於現在的 1 ÷（1 + r）$^3$。

4 年後的 1 元，等於現在的 1÷（1＋r）$^4$。

5 年後的 1 元，等於現在的 1÷（1＋r）$^5$。

不同年份的獲利 1 元，經過換算以後都變成現在的價值，彼此就可以運算了，合計為 1÷（1＋r）＋1÷（1＋r）$^2$＋1÷（1＋r）$^3$＋1÷（1＋r）$^4$＋1÷（1＋r）$^5$。

但是這邊的折現率 r，不等於銀行的定存利率，必須考量企業的經營風險，風險愈高的企業，股東要求的必要報酬率愈高，資金成本愈高，折現率「r」就愈高。也就是說，「通貨膨脹率≒折現率≒貨幣的時間價值≒資金成本≒必要報酬率」。

提個有趣的小故事。莊子在《齊物論》中提到一則寓言故事，宋國的狙公養了很多猴子，但因財務困難，於是和猴子商量，「早上給你們 3 粒果實，晚上給你們 4 粒果實」，結果猴子聽了之後很生氣。狙公後來改口，「早上給你們 4 粒果實，晚上給你們 3 粒果實」，結果所有的猴子都拍手叫好。

這個故事後來衍生出「朝三暮四」的成語，形容個性善變。但台大財金系退休教授蘇永成，卻用這個例子來解釋貨幣的時間價值。由於狙公的財務困難，未來具不確定性，因此果實盡早入手，對猴子的效用更高。將晚上的一粒果實提前到早上發放，考量貨幣的時間價值後，果實的效用提高了，猴子當然也就開心了。

## 用 IRR 公式，計算考量時間價值下的實質報酬率

內部報酬率（Internal Rate of Return，簡稱 IRR）為使未來現金流量折現後，等於現值的折現率。以 2018 年 1 月 26 日發行的中信金乙特（2891B）為例，發行價格 60 元，票面利率 3.75%，重設期間為 7 年。也就是說，在發行日購入中信金乙特的持有人，在未來 7 年每年每股可以領取股利 2.25 元（60×3.75%）。

為了方便計算，我們假設中信金乙特的股利於每年 8 月 1 日發放，且 2019 年可以領取 2018 年一整年的股利。若投資人於 2019 年 1 月 30 日購入中信金乙特，以當日收盤價 64 元計算，投資人將在半年後（2019 年 8 月 1 日）取得現金股利 2.25 元。1 年半後（2020 年 8 月 1 日）再取得 2.25 元，總共可以領 7 年。由於 2019 年 1 月 30 日距離發行日期 2018 年 1 月 26 日已經過了 1 年，特別股在 6 年後就會到期，投資人在 2025 年 1 月 26 日可以拿回發行金額 60 元。

依據以上資訊，可以算出持有中信金乙特 6 年的內部報酬率為：$(2.25 \div (1+r)^{0.5}) + (2.25 \div (1+r)^{1.5}) + (2.25 \div (1+r)^{2.5}) + (2.25 \div (1+r)^{3.5}) + (2.25 \div (1+r)^{4.5}) + (2.25 \div (1+r)^{5.5}) + (2.25 \div (1+r)^{6.5}) + (60 \div (1+r)^{6}) = 64$。利用電腦或財金計算機可算出 $r = 3.14\%$。也就是說，若投資人於 2019 年 1 月 30 日買進中信金乙特持有至到期日，則年化的投資報酬率為 3.14%。

# 報酬率》透過2方法 正確評估投資績效

8-4

買股票最重視的就是報酬率，下面就來介紹報酬率的計算方式、年化報酬率以及著名的 72 法則。

## 用幾何平均數計算跨期報酬率

報酬率的計算方式可分為算術平均數與幾何平均數兩種。算術平均數的公式為：將所有數值相加，除以個數。幾何平均數的公式為：將所有數值相乘，開個數次根號。算術平均數的概念適用於計算同一期投資組合的報酬率，但若涉及跨期，則用幾何平均數計算報酬率較佳。

舉個例子，買進 1 張 100 元的股票，一年後股價跌到 20 元，再過一年股價漲回 100 元，請問兩年下來的平均報酬率為何？

第 1 年報酬率 -80%（（20-100）÷100×100%），第 2 年報酬率 400%

（（100-20）÷20×100%）。

若用算術平均計算報酬率，平均報酬率為 160%（（-80% ＋ 400%）÷2），可是用 100 元買進的股票，明明兩年後的股價還是 100 元，報酬率怎麼可能是 160%？因此，我們用幾何平均數再算一次報酬率：$\sqrt{（（1-80\%）×（1 + 400\%））}-1 = 0\%$。

由於算術平均數會大於等於幾何平均數，因此，用算術平均去計算多期的投資報酬率，會高估投資績效。當聽到有人炫耀自己的投資績效遠遠超過大盤時，有可能是他用了不適當的方式來計算報酬率。

## 計算年化報酬率，才有相同比較基準

看完報酬率之後，接著來看年化報酬率。

假設 A 投資了 1 年，報酬率 27%，B 投資了半年，報酬率 13%，C 投資了 2 年，報酬率 56.25%，請問誰的投資報酬率比較高呢？

由於每個人的持有期間不同，比較基準不一致，因此，必須計算每個人持有時間內，平均每年的報酬率（即年化報酬率）。

表1  **經計算後，投資人B年化報酬率最高**
── 計算年化報酬率案例

| 投資人 | A | B | C |
|---|---|---|---|
| 持有期間報酬率（%） | 27.00 | 13.00 | 56.25 |
| 持有期間（年） | 1.0 | 0.5 | 2.0 |
| 年化報酬率（%） | 27.00 | 27.69 | 25.00 |
| 算式 | $(1+27\%)^1-1$ | $(1+13\%)^2-1$ | $(1+56.25\%)^{1/2}-1$ |

　　計算出 A、B、C 三者的年化報酬率後，就可以進行比較。其中 B 的年化報酬率為 27.69%，排名第 1；A 的年化報酬率為 27%，排名第 2；C 的年化報酬率為 25%，排名最後（詳見表 1）。

## 用 72 法則推算本金翻倍所需年數

　　投資股票最重要的就是要賺錢，但若想要迅速累積財富，則需要經過一番精打細算。假設目前本金為 P，每年複利一次，每年報酬率固定為 r，則 N 年後的本利和為 P×（1+r）$^N$，需要過幾年才能讓本金翻倍呢？

　　當每年報酬率 10% 時，約 7.272 年（$(1+10\%)^n=2$，$n=\log_{1.1}2=7.272$）可以讓本金翻倍。當每年報酬率等於 6% 時，約 11.896 年（$(1+6\%)^n=2$，n

表2 **若年化報酬率6%，需12年才能讓本金翻倍**
——各年化報酬率翻倍所需的實際時間及估算時間

| 年化報酬率（%） | 實際翻倍年期（年） | 以72法則估計翻倍年期（年） |
|---|---|---|
| 0.25 | 277.605 | 288.000 |
| 0.50 | 138.976 | 144.000 |
| 1.00 | 69.661 | 72.000 |
| 2.00 | 35.003 | 36.000 |
| 3.00 | 23.450 | 24.000 |
| 4.00 | 17.673 | 18.000 |
| 5.00 | 14.207 | 14.400 |
| 6.00 | 11.896 | 12.000 |
| 7.00 | 10.245 | 10.286 |
| 8.00 | 9.006 | 9.000 |
| 9.00 | 8.043 | 8.000 |
| 10.00 | 7.273 | 7.200 |
| 11.00 | 6.642 | 6.545 |
| 12.00 | 6.116 | 6.000 |
| 15.00 | 4.959 | 4.800 |
| 18.00 | 4.188 | 4.000 |

$= \log_{1.06} 2 = 11.896$）可以讓本金翻倍。當每年報酬率等於 4% 時，約 17.673 年（$(1 + 4\%)^n = 2$，$n = \log_{1.04} 2 = 17.673$）可以讓本金翻倍。

我們發現，當每年報酬率等於 10% 時，用 72 除以 10 等於 7.2，約等於 7.272

年；當每年報酬率等於 6% 時，用 72 除以 6 等於 12，約等於 11.896 年；當每年報酬率等於 4% 時，用 72 除以 4 等於 18，約等於 17.673 年（詳見表 2）。因此，只要將 72÷（每年報酬率 ×100%），約略可以算出本金翻倍所需要的時間，這就是著名的「72 法則」。

　　因此，若採用筆者的投資方式，將 3 成資產放在定存，賺取 1% 的報酬，再將 7 成資金投入股市，賺取 15% 的報酬。整個投資組合的報酬率約有 10.8%（1%×0.3 ＋ 15%×0.7），則投資人約可在 7 年（72÷10.8%）內讓資產翻倍。

# 8-5 現金股利折現模型》 用預估股利總和計算合理價

現金股利折現模型，又稱為「高登股利成長模型」，可用來評估合理股價。此模型認為，公司的價值為未來每年發放的現金股利的折現值總和。公式如圖1。

我們先來看如何用現金股利折現模型評估合理股價：

### 案例1》獲利成長，但預期成長率下降

假設A公司去年的基本每股盈餘（EPS）為10元，預期未來成長率有10%。A公司的股利發放率為60%，股東要求的必要報酬率為15%，則A公司合理的股價為132元（10×（1 + 10%）×60%÷（15%-10%））（詳見表1）。

隔年A公司的獲利成長50%，EPS為15元，但是預期未來成長率下降為5%，則A公司合理的股價為94.5元（15×（1 + 5%）×60%÷（15%-5%））。

雖然A公司的獲利成長，但預期未來成長率下降，使得合理股價也跟著下降了。

## 圖1 用無窮等比級數公式推導出現金股利折現公式
──現金股利折現模型公式

現金股利的長期成長率，計算公式為「ROE× 盈餘保留率」

股價 ←

$$P = \frac{D_0(1+g)}{(1+r)} + \frac{D_0(1+g)^2}{(1+r)^2} + \frac{D_0(1+g)^3}{(1+r)^3} + \cdots$$

→ 折現率，與公司的風險有關，風險愈高，折現率愈高

接著，利用無窮等比級數的公式 S = a1／(1-r)，a1 為首項、r 為公比，推導出以下算式：

下一期現金股利，計算公式為「D₀×（1＋g）」

$$P = \frac{\dfrac{(D_0(1+g)}{1+r}}{1-\dfrac{(1+g)}{1+r}} = \frac{\dfrac{D_1}{1+r}}{\dfrac{1+r-(1+g)}{1+r}} = \frac{\dfrac{D_1}{1+r}}{\dfrac{r-g}{1+r}} = \frac{D_1}{r-g}$$

也就是： $P = D_1／r-g$

資料來源：維基百科

## 案例2》法人下修預期成長率

依據現金股利折現模型，若 A 公司的 EPS 為 10 元，股利發放率為 60%，股東要求的必要報酬率為 15%。法人依照法説會資訊，預估未來成長率為 10%，給予目標價 132 元（10×（1 ＋ 10%）×60%÷（15%-10%））。結果財報公布了，

### 表1　獲利成長、預估成長率下降，合理股價仍降低

——用現金股利折現模型計算合理股價案例

| 時間 | EPS（元） | 現金股利發放率（％） | 預期成長率（％） | 折現率（％） | 合理股價（元） |
|---|---|---|---|---|---|
| 去年 | 10 | 60 | 10 | 15 | 132.0 |
| 今年 | 15 | 60 | 5 | 15 | 94.5 |

A 公司的獲利僅成長 7%，於是法人修正看法，認為未來每年的成長率皆為 7%。

　　雖然 7% 和 10% 只差了 3 個百分點，但依據現金股利折現模型，A 公司目標價下降為 80.25 元（10×（1 + 7%）×60%÷（15%-7%）），下修幅度高達 39%（（132-80.25）÷132）（詳見表 2）。

　　這也可以解釋為什麼有時候公司在公布財報時，即使獲利表現僅略低於預期一些，但股價卻連續好幾天跌停。這並非代表市場過度反應，而是股價充分反映基本面。

　　此外，若將現金股利折現模型等號兩邊同時除以 EPS，等號左邊變成本益比（詳見圖 2）。「$D_1÷E$」為股利發放率「d」，而公司的獲利成長率「g」與股利發放率有關。股利發放的愈多，公司可以再投資的資金愈少，成長率愈低。

表2 **預估成長率下修3個百分點，合理股價下修近40%**
——用現金股利折現模型計算合理股價案例

| | EPS（元） | 現金股利發放率（%） | 預期成長率（%） | 折現率（%） | 合理股價（元） |
|---|---|---|---|---|---|
| 預期 | 10 | 60 | 10 | 15 | 132.00 |
| 實際 | 10 | 60 | 7 | 15 | 80.25 |

由公式可知，第一，一家公司的風險愈高，股東要求的必要報酬率「r」愈高，則本益比愈低。例如某些小型電子業，接單、掉單等不確定性高，毛利率不穩定，產品生命週期短等因素，公司的風險較高，市場給予的本益比可能不到 10 倍；電信產業，中華電（2412）、台灣大（3045）、遠傳（4904），由於寡占市場、民生產業、獲利穩定等因素，公司的風險不高，市場給予約 20 倍的本益比。

再來，一家公司的成長性愈高，本益比愈高。例如市場看好未來 5G（第五代行動通訊技術）的成長性，會給予比較高的本益比。好樂迪（9943）由於少子化的影響，近年的營收有下滑的趨勢，故市場給予的本益比不高，約 9 倍左右。

## 適當保留盈餘再投資，公司才有成長性

我們從前面合理股價的推算可以看出，股利發放率和預期成長率都對公司的股

## 圖2 股東必要報酬率愈高，股票本益比愈低
——現金股利折現模型推導之本益比公式

$$\frac{P}{E} = \frac{\dfrac{D_1}{E}}{r-g}$$

→ 股利發放率 d

價有一定的影響力。平心而論，台灣的散戶特別喜歡領現金股利，如果一家公司發放高額的現金股利，散戶會比較有意願購買這家公司的股票；如果一家公司不發放現金股利，散戶會覺得這家公司特別小氣，拒絕購買這家公司的股票。但現金股利發的比較多的公司，就是好公司嗎？股價就會比較高嗎？會不會有時候，現金股利發得少的公司，股價反而大幅上漲呢？

下面就舉一個例子做比較，看看當一家公司有賺錢時，「將獲利全部以現金股利發放給股東」與「保留部分獲利繼續投資，僅將部分獲利以現金股利發放給股東」兩者價值間的差異。

假設有一家公司，今年 EPS 為 10 元，股東權益報酬率（ROE）為 15%，折現率為 10%，那麼這家公司合理的股價為多少呢？

我們同樣用現金股利折現模型推算。

## 情況1》將EPS全部以現金股利發放給股東

如果這家公司,將 EPS 10 元,全部以現金股利發放給股東,公司就沒有辦法進行內部成長,成長率為 0%(15%×(1-100%))。依據現金股利折現模型,合理的股價為 100 元(10×(1 + 0%)×100%÷(10%-0%)),本益比為10 倍(100÷10)。

## 情況2》保留部分盈餘,剩餘配發現金股利給股東

如果這家公司將 10 元 EPS,保留 4 元在公司繼續投資,只配發 6 成的現金股利給股東,則公司的成長率為 6%(15%×(1-60%))。依據現金股利折現模型,合理的股價為 159 元(10×(1 + 6%)×60%÷(10%-6%)),本益比為 15.9 倍(159÷10)。

從上述情況可以知道,並不是現金股利發得比較多,股價就會比較高。適當地保有現金再投資,維持成長率,反而會有比較高的股價。

一般來說,當一個產業邁入成熟階段,公司已達到穩定狀態,找不到其他的投資機會,這時公司會傾向將大部分的盈餘以現金股利的方式發給股東。這類型的公司,由於未來的成長率接近 0%,依據現金股利折現模型計算,合理的股價會比

較低，本益比相對較低，現金股利殖利率較高，是較佳的定存股標的。

相對地，如果一家公司正在成長的階段，那麼公司就需要保有比較多的現金再進行投資。這類型的公司，由於市場預期的成長率比較高，合理的股價比較高，本益比相對較高，現金股利殖利率較低。

當我們在選擇投資標的時，除了計算這家公司的本益比外，也要考量未來的成長性。最好選擇一家本益比低，未來成長率又高的公司，股價爆發的力道才會強勁。但這種標的市場上不多，可遇不可求，需要靠「閒聊法」增加發現這類標的的機率。

# **股利制度》**搞懂課稅新制
## 保住投資所得收入

8-6

若想要長期持有股票，則必須對股利有一定的了解。下面將探討與股利相關的一些知識：

## 扣除現金、股票股利，計算除權息參考價

### 1.僅發放現金股利

當企業前一年度有獲利，將賺得的現金發給股東時，稱為發放現金股利。一般來說，只有在除息日之前買進股票的股東，才可以領取現金股利。

假設 A 股票在除息前一日的股價是 105 元，當年度的每股現金股利為 5 元。為了讓除息前後的投資人以相同的成本取得每股所彰顯的股東權益，除息後的參考價為前一日收盤價減除每股現金股利發放金額，公式如下：

**除息參考價（元）＝除息前股價－現金股利**

因此，A 股票的除息參考價為 100 元（105-5）。

## 2.僅發放股票股利

當企業前一年度有獲利，但是需要將現金保留在公司繼續投資時，可以選擇發放股票股利。一般來說，只有在「除權日」之前買進股票的股東，才可以領取股票股利。

假設 B 股票在除權日前一日的股價是 72 元，當年度的每股股票股利為 2 元，股票面額為 10 元。為了讓除權前後的投資人以相同的成本取得股票，除權日的參考價為前一日收盤價除以「1 ＋每股取得的股票股利股數」，公式如下：

> **除權參考價（元）＝除權前股價 ÷（1 ＋股票股利 ÷ 股票面額）**

因此，B 股票的除權參考價為 60 元（72÷（1 ＋ 2÷10））。

## 3.同時發放現金股利和股票股利

同理，若公司同時發放現金股利和股票股利，則除權息參考價公式如下：

> **除權息參考價（元）**
> **＝（除權除息前股價 – 現金股利）÷（1 ＋股票股利 ÷ 股票面額）**

如果 C 公司除權息前股價 100 元，配發 4 元現金股利和 2 元股票股利，則除權息參考價＝ 80 元（（100 –4）÷（1 ＋ 2÷10））。

若擔心自己計算錯誤，可至證券交易所的網站（www.tse.com.tw/exchange/cal1），直接輸入除權除息前股價、每股現金股利金額、每股股票股利金額，就會自動算出除權息參考價。

從前述可知，不管是在除權息前買進，或除權息後買進，理論上持有成本是相同的。因此，投資人在考量是否領取股利時，應該要考量自己的綜合所得金額。

## 依據個人所得稅率，選擇股利課稅方式

看完除權息參考價以後，接著來探討股利相關稅負。目前個人的股利所得可採28%的單一稅率分離課稅，或併入個人綜合所得總額課稅（詳見表1），但有8.5%的可扣抵稅額，上限為 8 萬元。以下分別依不同情況試算稅率：

### 情況1》全年所得10萬元、股利收入20萬元

A 為大學畢業生，不含股利收入的綜合所得總額減除免稅額及扣除額後，2018年度的綜合所得淨額為 10 萬元。此外，A 有股利收入 20 萬元，請問 A 應選擇何種方式課稅？

**1. 分離課稅：** 繳交6萬1,000元（10萬×5% + 20萬×28%）。

**2. 併入個人綜合所得總額課稅：** 領取退稅款2,000元（（10萬＋20萬）×5%-20萬×8.5%）。

→ A應選擇將股利收入併入個人綜合所得總額課稅。

### 情況2》全年所得10萬元、股利收入100萬元

B為退休人士，不含股利收入的綜合所得總額減除免稅額及扣除額後，2018年度的綜合所得淨額為10萬元。此外，B有股利收入100萬，請問B應選擇何種方式課稅？

**1. 分離課稅：** 繳交28萬5,000元（10萬×5% + 100萬×28%）。

**2. 併入個人綜合所得總額課稅：** 繳交1萬4,200元（（10萬＋100萬）×12%-3萬7,800-8萬）。

→ B應選擇將股利收入併入個人綜合所得總額課稅（因為100萬元×8.5%＝8萬5,000元＞可扣抵稅額上限8萬元，故僅得認列8萬元）。

### 情況3》全年收入2000萬元、股利收入3000萬元

C為阿土伯，不含股利收入的綜合所得總額減除免稅額及扣除額後，2018年度的綜合所得淨額為2,000萬元。此外，C有股利收入3,000萬元，請問C應選擇何種方式課稅？

## 表1 全年所得54萬元以下，所得稅率僅5%
──2018年度綜合所得稅速算公式一覽表

| 綜合所得淨額（元） | 稅率（％） | 累進差額（元） |
|---|---|---|
| 0～540,000 | 5 | 0 |
| 540,001～1,210,000 | 12 | 37,800 |
| 1,210,001～2,420,000 | 20 | 134,600 |
| 2,420,001～4,530,000 | 30 | 376,600 |
| 4,530,001以上 | 40 | 829,600 |

註：全年應納稅額＝綜合所得淨額 × 稅率 – 累進差額　　資料來源：財政部網站

**1. 分離課稅**：繳交 801 萬 400 元（2,000 萬 ×40%–82 萬 9,600 ＋ 3,000 萬 ×28%）

**2. 併入個人綜合所得總額課稅**：繳交 1,909 萬 400 元（（2,000 萬＋ 3,000 萬）×40%–82 萬 9,600–8 萬）。

→ C 應選擇將股利收入採 28% 的單一稅率分離課稅。

### 情況4》全年收入70萬元、股利收入40萬元

D 預計自己 2018 年度不含股利收入的綜合所得淨額為 70 萬元、股利收入 40 萬元。由於看好長虹（5534）未來的營運表現，打算買進長虹的股票 10 張。長虹預計於 2018 年度發放現金股利每股 6.2 元。純粹就稅負的考量，D 應該於除息日前還是除息日後買進？

**1. 除息日前買進：**須繳納個人綜合所得稅 6 萬 2,370 元（（70 萬＋ 40 萬＋ 6.2×1,000×10）×12%–3 萬 7,800–（40 萬＋ 6.2×1,000×10）×8.5%）。

**2. 除息日後買進：**須繳納個人綜合所得稅 6 萬 200 元（（70 萬＋ 40 萬）×12%–3 萬 7,800–40 萬 ×8.5%）。

→ D 應於除息日後再買進，所負擔的個人綜合所得稅較低。

除上述案例以外，亦有許多有錢人以投資公司的名義持有股票，雖然《所得稅法》規定，公司的股利所得免稅，但投資公司將所賺得的股利收入分配給股東時，股東仍然需要繳交個人綜合所得稅。若投資公司不分配盈餘，則投資公司需額外繳納未分配盈餘 5% 的營利事業所得稅。

而且，在所得基本稅額制（最低稅負制）下，公司的證券交易所得超過 50 萬元的部分，需繳納 12% 的營利事業所得稅。因此，成立投資公司買賣股票，整體的稅負有可能不減反增。

# 財報追溯調整原則》
8-7 發放股票股利需調整EPS

有時在閱讀財報時，發現去年公布的基本每股盈餘（EPS），和今年公布前一年的 EPS 竟然不一樣，這究竟是怎麼一回事呢？不是公司財報造假，也不是自己老眼昏花，其實就是公司發行股票股利，EPS 追溯調整而已。

有一家 A 公司，X1 年度稅後淨利賺了 360 元，當年度加權平均流通在外股數為 10 股，公司當年度財報揭露的 EPS 為 36 元（360÷10）。若 X2 年度稅後淨利仍為 360 元，但當年度發放股票股利 10 元，加權平均流通在外股數增加為 20 股，則公司當年度財報揭露的 EPS 為 18 元（360÷20）。

問題來了，一般公司的財報是兩期比較，X1 年度與 X2 年度的本期淨利均為 360 元，但 X1 年度的 EPS 為 36 元，X2 年度的 EPS 為 18 元，有些投資人會以為 A 公司的獲利衰退。

為了讓財報的使用者可以快速掌握公司各年度獲利變化的趨勢，故會計原則規

### 表1 發放股票股利需追溯調整EPS，以利投資人做比較
——追溯調整EPS

| | X1年度 | X2年度 |
|---|---|---|
| 本期稅後淨利（元） | 360 | 360 |
| 平均流通在外股數（股） | 10 | 20 |
| 追溯調整前EPS（元） | 36 | 18 |
| 追溯調整後平均流通在外股數（股） | 20 | 20 |
| 追溯調整後EPS（元） | 18 | 18 |

定，當公司發行股票股利時，流通在外股數必須追溯調整，假設股票股利在公司成立時就已發放。

因此，雖然 A 公司的股票股利是於 X2 年發放，但要假設股票股利是於 X1 年年初就已發放，X1 年度加權平均流通在外股數須調整為 20 股，追溯調整後的 EPS 為 18 元，以利投資人做兩期比較（詳見表 1）。

但若公司以現金增資方式增加股本，公司帳上的現金增加了，公司可以利用增資所得現金進行投資，使公司稅後淨利金額上升（超過 360 元）。雖然股本增加，但公司的稅後淨利也有機會一起增加，故國際會計準則第 33 號「每股盈餘」規定，現金增資發行新股，以前年度的 EPS 不須追溯調整。

# 第 9 章

# 效法投資高手
# 資產翻倍滾

## 9-1 與高手切磋交流 不斷提升投資功力

　　成長股價值投資策略之父菲利普・費雪（Philip Fisher）在《非常潛力股》一書中提到，投資人應該對那些熟悉公司的人，用閒聊的方式收集訊息，再就訊息加以判斷，並對公司進行評價。筆者非常認同此觀念，也常在 PTT 或臉書（Facebook）社團等網路平台，與不同投資高手閒聊，得到許多寶貴的資訊。

### 投資不熟的領域先向高手討教，避免錯誤決策

　　像 PTT 股票版上，筆者最欣賞的是 Jokeman 和麥克風（本名「陳彥文」）。Jokeman 在半導體產業服務，對產業的變化非常了解，常在 PTT 股票版或臉書粉絲專頁「Jokeman 的玩股小副業 - 四哥」發表文章幫投資人賺錢。Jokeman 除了邏輯清晰外，且為人正直，帶進帶出，賺賠都說，被稱為「股版良心」。那時筆者仍沒沒無聞，寫了一封站內信向 Jokeman 請益，結果 Jokeman 隔天就回了，回覆內容非常詳盡，筆者深受感動，當時就下定決心，要向 Jokeman 看齊。所以現在只要是收到 PTT 站內信，或臉書的訊息，筆者都會盡力回覆。

另一位 PTT 股票版名人是麥克風，著有《麥克風的股市求生手冊》一書。麥克風擅長懶人投資法，每年都會撰寫「包租文」，他習慣推薦長期投資標的，一旦買進後，就每天睡覺，等 1 年後再檢視績效。後來筆者仿效麥克風，每半年推出數檔標的，有時也推薦成長股做波段，平均年化報酬率 22.7%，優於大盤的 7%。由於績效不錯，稍有名氣後，才被記者採訪，躍出水面。

此外，筆者有一位好友──定錨投資隨筆站長（以下簡稱「定錨站長」），之前任職於投信公司，非常了解電子產業，每週撰寫分析報告提供投資人參考。所謂「聞道有先後，術業有專攻」，由於筆者自己擅長的領域在金融業與營建業，對於電子產業較不熟悉，因此在投資之前，都會先和定錨站長討論。筆者認為，只有學習他人的長處，彌補自己的短處，才能不斷提升投資報酬率。

在投資的道路上，除了這 3 位專家以外，還有許多高手，像是燈火、阿格力等。這些高手，基本上是筆者透過 PTT 站內信，或搜尋臉書主動認識，部分為朋友的朋友。由於具有共同的 LINE 群組，我們偶爾會一起聚餐、交換情報。

非常感謝在投資的道路上，有一群夥伴可以互相切磋琢磨，讓筆者可以克服許多心理障礙，避免錯誤決策。這些高手有的出書，有的在訂閱平台提供付費內容，希望讀者可以多看、多學習，下面就來推薦筆者的投資夥伴給大家認識。

## 9-2 基本面分析高手》
# 透過財報挖掘優質好股

每位高手精通的投資方式都不一樣，像是麥克風、阿格力、算股達人陳喬泓、燈火和歐陽大、艾蜜莉等人，都較為注重公司的基本面，下面就來一一介紹：

### 麥克風》股市包租公，投資股價便宜的包租股

麥克風，本名陳彥文，1982 年生，大學時期踏入股市，進入職場後，為了克服研究時間不足的困境，歸納出一套「低檔價值選股、高檔順勢操作」的懶人投資法。麥克風長期在網路上分享心得，每年篩選出一些體質好、股價便宜的包租股，近年資產穩定增長，年化報酬率達 16%。

筆者受到麥克風的啟發最深，並參考麥克風的包租文，定期於 PTT 股票版推薦投資標的。麥克風多空操作都擅長，並且會運用期貨與選擇權避險，雖然是台灣大學政治系畢業，但是筆者認為，他的專業素質具有台灣大學財務金融研究所的水準。

◎**著作：**《麥克風的股市求生手冊》

◎**部落格：**市場求生手冊（stasistw.blogspot.com）

# 阿格力》從日常消費經驗挖掘投資機會

阿格力，本名許凱迪，目前為台股「生活投資」學派的領航者，並於《Smart 智富》月刊、日盛證券、Stockfeel 股感知識庫（www.stockfeel.com.tw）及商周財富網（wealth.businessweekly.com.tw）擔任特約專欄作家，文章擁有數百萬人次點閱。

阿格力擅長以深入淺出的邏輯解析，從日常生活消費經驗成就不凡的投資機會。提倡「績優股都在商店街，而非華爾街」，買進持股從顧客變老闆，讓這些民生必需公司替散戶賺錢。

筆者認為，不懂的商品就不要碰，而阿格力只推薦民生必需品概念股，認為要先了解商品與企業的經營方式後，再進行長期投資。筆者非常認同這樣的觀念，因此推薦阿格力給讀者認識。

◎**著作：**《我的購物車選股法，年賺 30%》、《生活投資學：領股息、賺價差，最適合散戶的投資系統》

◎**臉書粉絲專頁**：阿格力的生活投資學

◎**訂閱專欄**：PressPlay 的「散戶主場：生活投資學，帶你挖出定存成長股」

# 算股達人陳喬泓》自創成長飆股投資術

算股達人陳喬泓認為，「投資離不開生活、觀念決定一切！」他自創一套「成長飆股投資術」，只把焦點放在那些業績可望大幅成長的股票上，其他股票則一概不碰！

陳喬泓的算股公式經過實證，不但十分準確有效，而且頻頻創造出驚人的獲利奇蹟！像是冷門股「儒鴻（1476）」，他從 52 元開始買進，直到 392 元高點賣出，獲利 560%！其他包括佳格（1227）、美利達（9914）、寶雅（5904）、巨大（9921）、正新（2105）等，都是用他的算股公式挑出近幾年難得一見的飆股！

就這樣，陳喬泓靠著股票賺進上千萬元、資產翻了 6 倍，實現「財富自由」的夢想，媒體封為「祖魯戰神」、「算股達人」。

◎**著作**：《算股高手的驚人財富翻倍術！》、《算股達人的翻倍成長投資術》

◎**臉書粉絲專頁**：陳喬泓 投資法則

## 燈火》長期持有價值低估冷門股

　　燈火，本名巫明帆，是物理博士，把過往研究學術的精神轉往投資上，專挑冷門股買。他的選股邏輯為：長期持有價值被低估的公司股票，選擇產品需求穩定，具競爭優勢，不易被取代的公司。財務指標首重淨利率、現金流量。辨識及丈量公司的護城河，不看進場時機點，只看安全邊際夠不夠。透過這套投資方式，他目前累積資產近千萬元，每年股利收入近 40 萬元。

　　◎**著作**：《當物理博士遇上巴菲特的價值投資哲學》
　　◎**臉書粉絲專頁**：燈火闌珊處 - 人棄我取的冷門股投資哲學

## 歐陽大》單壓好股，並透過網路追蹤股票表現

　　歐陽大是《Smart 智富》月刊 2018 年 10 月的封面故事人物，他不相信分散布局，喜歡選擇單壓一檔標的。此外，他擅長發揮鍵盤柯南精神，運用 Google 追蹤產業趨勢、透過臉書分析上市櫃公司老闆誠信，確認個股成長性、管理階層專注本業等。透過這套投資方式，他已連續 3 年獲利 100%，投資 12 年，從股市獲利 4,400 萬元。

　　◎**訂閱專欄**：PressPlay 的「原來價投可以這樣玩！」

## 艾蜜莉》小資女自創估價法，買進優質定存股

艾蜜莉原是小資上班族，出身平凡，沒有富爸爸，靠著正確的理財觀念，於 2008 年開始投入股市。她用自創估價法，鎖定股價被低估、年年配發股息的穩健公司買進，將 180 萬元本金滾成 425 萬元資產。

艾蜜莉以自己創立的軟體，給予適合當作定存股的優質公司三個價格區間，分別為「便宜價」、「合理價」、「昂貴價」。當標的公司的股價落在「便宜價」以下，就可以開始考慮分批買進；波段操作者可以在「合理價」以上分批賣出；而長線操作者可以在「昂貴價」以上分批賣出。

艾蜜莉現為投資理財講師、暢銷財經書作家。其投資方式與筆者最為接近，如果想建立正確的理財觀念，建議參考《艾蜜莉教你沒有富爸爸　小資也能富起來》一書。

◎**著作**：《小資女艾蜜莉：我的資產翻倍存股筆記》、《艾蜜莉教你自動化存
　　　　股　小資也能年賺 15%》、《艾蜜莉教你沒有富爸爸　小資也能富起來》
◎**網站**：艾蜜莉 - 自由之路（emily01.com）
◎**臉書粉絲專頁**：艾蜜莉 - 自由之路

# 9-3 技術面分析高手》
# 從K線圖判斷股價未來漲跌

與基本面分析高手不同，詹 K、抄底王和盧 R 擅長從技術指標判斷未來股價會不會漲，下面就來一一介紹：

## 詹 K》順應市場做當沖，平均每日從股市提款 6000 元

詹 K 是技術面高手，擅長分享低基期波段股與題材股布局，習慣賺賠全都如實公布。

他觀察每個交易日更新盤前當沖精選觀察股資料，並順應市場做當沖，並於每日盤後分享技術面邏輯判斷心得，此外，他還不定時提供短線題材布局股分析，供訂閱者參考留意。詹 K 透過這套投資方式，光靠當沖，平均每日從股市提款 6,000 元。

◎**訂閱專欄**：PressPlay 的「＜股市＞起漲點：詹 K 也當沖！」

## 抄底王》從搶反彈到多元投資策略

PTT 股票版神人抄底王，過去喜愛搶反彈，到後來策略愈來愈多元，但他認為，最重要的還是獨立思考的精神，到現在仍不斷研究新策略。

雖然抄底王的強項在技術分析，但他近年來致力研究基本分析，同時運用兩項武器來提升投資報酬率。

◎**訂閱專欄**：微股力的「CHENGWAYE 股海衝浪札記」

## 盧 R》善用淺顯易懂文字講解投資策略

盧 R，本名盧建璋，2018 年 1 月才剛開始研究股票，4 月 10 日第一次在 PTT 上發文，迅速爬到熱搜排行第 3 名。擅長技術分析，分析時會利用淺顯易懂的白話文舉例，讓開始學股票的投資人能夠迅速打好基本功。

◎**訂閱專欄**：PressPlay 的「盧 R！從頭開始學股票」

## 9-4 綜合面分析高手》 搭配籌碼、產業分析做決策

與前述高手不同，定錨投資隨筆站長（以下簡稱「定錨站長」）善用產業分析找好股，而范振鴻則是除了技術分析外，尚會搭配籌碼、基本面等指標：

### 定錨投資隨筆站長》用產業分析補足基本面、技術面不足

定錨站長擅長使用「產業分析」，他認為基本面雖然能有效降低投資風險，但因財報屬落後資訊，前瞻性較差；技術分析雖然貼近盤面，但投資人心情容易受到股價波動影響，兩者都有不足之處，而產業分析能夠彌補兩者的缺點。

靠著這套方法，定錨站長在 2018 年 2 月以 180 元買進緯穎（6669），持有至 600 元賣出，獲利超過 2 倍；在 2018 年 3 月以 23 元買進大洋-KY（5907），持有至 34 元賣出，獲利約 50%。

而 2018 年 9 月更是以 260 元放空台積電（2330）、上銀（2049）、精材

（3374）、聯強（2347），成功避開下半年的空頭趨勢，年度報酬率達 40%。

◎**部落格：**定錨投資隨筆（investanchors.com）

## 范振鴻》綜合技術、籌碼分析等，將交易邏輯系統化

范振鴻為 PTT 股票版前版主，使用者代號 Sirius1812，綽號海豚，現任華冠投顧分析師。主要以技術分析為主軸，強調資金控管、風險控制，搭配籌碼、基本面、心理面以及化繁為簡的波浪理論，將交易邏輯系統化，重視 SOP 操盤法。透過這套投資方式，他在 2018 年的投資報酬率約有 17%。

◎ **LINE ID：**@sirius1812

# 9-5 衍生性金融商品高手》用槓桿放大投資收益

除了在現股買賣以外，市場上還有一些高手，擅長使用衍生性金融商品等槓桿性較高的投資工具來放大投資收益，像是權證小哥、「股市 51 區」誠懇哥等，下面就來一一介紹：

## 權證小哥》用權證、期貨降低交易成本，拉高報酬率

權證小哥為理財寶作者、精誠資訊顧問、《先探投資週刊》、《Smart 智富》月刊專欄作家，多家金融機構及大學投資講師。權證小哥擅長以券商買賣分點的資訊進行籌碼分析，多空並用，利用權證與期貨的衍生性工具來降低交易成本，放大投資收益。

◎著作：《權證小哥教你十萬元變千萬》、《權證小哥完全公開權證暴賺勝經》、《贏家的智計》、《權證小哥的操盤室》、《權證小哥可轉債操作實戰 DVD》等書。

◎臉書粉絲專頁：權證小哥

# 「股市 51 區」誠懇哥》用 VIX 指數做多空短線操作

　　誠懇哥是臉書社團「股市 51 區」的版主，系列社團包含 10 個以上子社團，總會員人數超過 30 萬人。他習慣先以全球財經背景為分析主軸，看準大盤趨勢，再透過籌碼面、技術面、基本面輔助判斷，精選出高勝率的股票進行操作。

　　2018 年以前，誠懇哥偏向波段操作；2018 年下半年開始，考量美國聯準會（Fed）升息即將進入尾聲、美國縮表，以及歐洲量化寬鬆貨幣政策（QE）退場，市場資金動能將萎縮，誠懇哥透過芝加哥期權交易所波動率指數（Chicago Board Options Exchange Volatility Index，簡稱 VIX）做多空短線操作。由於採用衍生性金融商品放大槓桿效果，誠懇哥在 2018 年的投資報酬率約有 90%。

◎**臉書社團**：股市 51 區
◎**訂閱專欄**：微股力的「【誠懇哥】洞悉主力手法，看懂趨勢」

# Note

國家圖書館出版品預行編目資料

會計師低價存股術　用一張表存到1300萬／丁彥鈞著--一版.--
臺北市：Smart智富文化, 城邦文化, 2019.02
　　面；　公分
ISBN 978-986-97152-4-9（平裝）

1.股票投資 2.投資技術 3.投資分析

563.53　　　　　　　　　　　　　　　　107023689

# Smart 智富
## 會計師低價存股術　用一張表存到1300萬

| | |
|---|---|
| 作者 | 丁彥鈞 |
| 企畫 | 周明欣 |

| | |
|---|---|
| 商周集團 | |
| 榮譽發行人 | 金惟純 |
| 執行長 | 郭奕伶 |
| 總經理 | 朱紀中 |

| | |
|---|---|
| Smart 智富 | |
| 社長 | 林正峰（兼總編輯） |
| 副總監 | 楊巧鈴 |
| 攝影 | 翁挺耀 |
| 編輯 | 李曉怡、林易柔、邱慧真、胡定豪、施茵曼 |
| | 連宜玫、陳庭瑋、劉鈺雯 |
| 資深主任設計 | 張麗珍 |
| 封面設計 | 廖洲文 |
| 版面構成 | 林美玲、廖彥嘉 |

| | |
|---|---|
| 出版 | Smart 智富 |
| 地址 | 104 台北市中山區民生東路二段 141 號 4 樓 |
| 網站 | smart.businessweekly.com.tw |
| 客戶服務專線 | （02）2510-8888 |
| 客戶服務傳真 | （02）2503-5868 |
| 發行 | 英屬蓋曼群島商家庭傳媒股份有限公司城邦分公司 |

| | |
|---|---|
| 製版印刷 | 科樂印刷事業股份有限公司 |
| 初版一刷 | 2019 年 2 月 |
| 初版五刷 | 2020 年 12 月 |

| | |
|---|---|
| ISBN | 978-986-97152-4-9 |

 **讀者服務卡**

WBSI0080A1
《會計師低價存股術 用一張表存到1300萬》

為了提供您更優質的服務，《Smart 智富》會不定期提供您最新的出版訊息、優惠通知及活動消息。請您提起筆來，馬上填寫本回函！填寫完畢後，免貼郵票，請直接寄回本公司或傳真回覆。Smart 傳真專線：（02）2500-1956

1. 您若同意 Smart 智富透過電子郵件，提供最新的活動訊息與出版品介紹，請留下
   電子郵件信箱：_____

2. 您購買本書的地點為：□超商，例：7-11、全家
   　　　　　　　　　　　□連鎖書店，例：金石堂、誠品
   　　　　　　　　　　　□網路書店，例：博客來、金石堂網路書店
   　　　　　　　　　　　□量販店，例：家樂福、大潤發、愛買
   　　　　　　　　　　　□一般書店

3. 您最常閱讀 Smart 智富哪一種出版品？
   □ Smart 智富月刊（每月 1 日出刊）　　□ Smart 叢書　　□ Smart DVD

4. 您有參加過 Smart 智富的實體活動課程嗎？　□有參加　　□沒興趣　　□考慮中
   或對課程活動有任何建議或需要改進事宜：_____

5. 您希望加強對何種投資理財工具做更深入的了解？
   □現股交易　　□當沖　　□期貨　　□權證　　□選擇權　　□房地產
   □海外基金　　□國內基金　　□其他：_____

6. 對本書內容、編排或其他產品、活動，有需要改善的事項，歡迎告訴我們，如希望 Smart
   提供其他新的服務，也請讓我們知道：_____

您的基本資料：（請詳細填寫下列基本資料，本刊對個人資料均予保密，謝謝）

| | |
|---|---|
| 姓名：_____ | 性別：□男 □女 |
| 出生年份：_____ | 聯絡電話：_____ |
| 通訊地址：_____ | |

從事產業：□軍人　□公教　□農業　□傳產業　□科技業　□服務業　□自營商　□家管

您也可以掃描右方 QR
Code、回傳電子表單，
提供您寶貴的意見。

想知道 Smart 智富各項課
程最新消息，快加入 Smart
自學網 Line@。

行銷部 收

●請沿著虛線對摺，謝謝。

書號：WBSI0080A1
書名：會計師低價存股術 用一張表存到 1300 萬